이렇게 해보세요~ 인생이 달라질 거예요

이렇게 해보세요~ 인생이 달라질 거예요

2019년 11월 25일 초판 1쇄 인쇄
2019년 11월 25일 초판 1쇄 발행

지은이　|고담(변승희)

인쇄　|예인아트

펴낸이　|이장우
펴낸곳　|꿈공장 플러스
출판등록　|제 406-2017-000160호
주소　|경기도 파주시 탄현면 헤이리예술마을
전화　|010-4679-2734
팩스　|031-624-4527
e-mail　|ceo@dreambooks.kr
homepage　|www.dreambooks.kr
instagram　|@dreambooks.ceo

ISBN | 979-11-89129-46-0

정 가　|13,000원

이렇게 해보세요~

인생이 달라질 거예요

인생이		자꾸		꼬인다고			생각하는		
당신을		위한		꽤	신기한			지침서	

목차

• 일체유심조(一切唯心造), 모든 것은 오로지 마음이 짓는다

"나 죽거든 이곳에 묻어다오."

아버지는 이승을 떠나기 전 당신이 미리 정해 놓은 신후지지를 가리키며 당부하셨다. 아버지의 유지를 받들어 육신을 그곳에 모셨다. 그때부터 고민이 시작됐다. 아버지가 계신 곳이 불편하지 않으신지, 혹 여라도 꿈에 나타나면 묫자리가 좋지 않아서 그런 걸까? 근심 걱정이 떠날 날이 없었다. 6.25 전쟁으로 할아버지를 일찍 잃으셔서 고작 10대에 가장이 되어버린 아버지는 고생고생 상고생을 하셨기 때문에 저승에서라도 편안히 계셨으면 하는 바람이 간절했다. 그런 간절함과 달리 내가 할 수 있는 거라고는 고작 벌초하고 주변을 다듬는 일밖에 없었다. 그 뒤로 엄마는 좋은 곳에 편안히 모시고 싶어서 풍수지리를 배웠다.

풍수를 배우다 보니 자연스럽게 오행을 알게 되었고, 풍수는 명리학과 크게 다르지 않다는 걸 알고 사주도 배웠다. 사주는 참으로 오묘했다. 사주팔자, 그 여덟 글자 안에 내가 살아온 인생이, 또 살아갈 인생이 담겨 있다는 게 믿기지 않았다. 정해진 대로 살아가는 것 같으면서도 아닌 것 같기도 하고, 사주와 풍수는 미신과 과학의 중간쯤 어딘가에 있는 성역으로 느껴지기까지 했다.

아버지라는 권력으로 아들을 윽박지르다 천성이 나와 다름을 인정하고 나니 부자 관계가 친밀해졌고, 결혼을 못 해 고민인 사람에게 물들어왔을 때 노 저라는 극약 처방으로 백년가약을 맺게 해 주었다.

살아가는 동안 시련이 찾아오면 점집이나 철학관, 무당을 찾게 된다. 고난을 헤쳐나갈 수 있는 희망을 심어 오기 위해서다. 그래야 살 수 있을 것 같으니까. 하지만 점집을 찾아갈 때도 시기가 중요하다. 또 막연히 찾을 게 아니라 목적을 갖고 찾는 게 중요하다.

거듭되는 어머니의 악몽으로 직감했다. 분명 어머니 산소가 잘못돼 있다는 것을. 지레짐작만 하다가 풍수 스승님의 감평에 기겁했다. 나와 누나의 심장병은 어머니 산소 때문이었다. 묘를 파보니 악몽의 모든 의문이 풀렸다.

운명을 거스를 수는 없다. 그러면 맞서 싸워야 할까? 운명은 늘 우리와 함께한다. 마치 분신처럼. 그럼 어떻게 살아야 할까? 사주와 풍수는 결코 미신으로만 치부할 일이 아니다. 언제나 우리 곁에서 운명을 결정하는 칠성별과도 같다. 사람이 운명을 인위적으로 조정할 수는 없지만, 그 속에서 희망을 찾을 수는 있다.

따라서 운명은 늘 우리와 함께 살아가는 희망 파트너인 셈이다. 운이 좋을 때와 나쁠 때 우리는 늘 희망이라는 걸 품고 살아간다. 천상에서 내린 음과 양의 이치를 잘 아는 부자와 재벌, 유명인들은 이런 기(氣)의 관리를 철저히 하면서 풍요롭거나 건강하게 살아간다.

다만 인명은 재천이니 목숨만은 어찌할 수 없어 풍수 명당을 찾아다닌다. 땅은 하늘의 뜻을 따른다고 했다. 운 좋게 태어나려면 땅을 잘 얻어야 하고, 땅의 기운은 운명을 바꿔 놓을 수도 있다.

운명. 도대체 무엇일까.

지천명을 사는 동안 참 많이도 엎어지고 까이고 다쳤다. 덩실덩실 깨춤을 추어본 적이나 있는지 아련하기만 하다. 뒤로 자빠져도 코가 깨지는 일이 이제는 좀 사라졌으면 하는 바람은 모두의 희망이 아닐까.

풍수와 사주를 배우며 몸소 체험한 이야기들을 글로 엮어보았다. 허무맹랑한 얘기일 수도 있지만 내가 직접 겪은 남다른 경험을 나누는 것이 누군가의 희망이 되었으면 하는 바람으로 펜을 들었다. 또 사주와 풍수라는 고리타분한 얘기들로 심기가 불편해질 수 있을 것 같아 좌충우돌 살아가는 소소한 일상도 양념 삼아 담아보았다.

한평생을 그림자처럼 따라다니는 운명이 희망 파트너가 될 수 있다는 메시지가 독자들에게 닿기를 희망한다.

2019년 9월 14일. 공활한 가을 하늘을 이고,
아지랑이를 좇으며/ 고담

당신과 색깔의 '깔맞춤'

어렸을 적 나는 늘 빨간색 티셔츠를 입었다. 원색이거나 땡땡이거나 줄무늬 거나 디자인만 달랐을 뿐 빨간색이었다. 내가 빨간색을 좋아해서? 그건 절대로 아니다. 물론 나이 50이 넘은 지금은 빨간색을 선호한다. 직장에 다니다 보니 정장에 빨간색을 입을 수는 없지만 웬만하면 붉은색이 좋다. 차 핸들 커버도 빨간색, 넥타이도 빨간색 계통이 대부분이다.

초등학교 5학년쯤의 여름 어느 날이었다. 엄마를 따라 시장에 갔는데 장을 다 보신 엄마가 내 손을 이끌고 옷가게로 들어섰다. 내 옷을 고르고 있는 엄마는 이번에도 빨간색만 고르고 있었다. 순간 옷가게를 뛰쳐나왔다. 하지만 엄마 손아귀를 벗어나지 못

11

했다. 이번에도 엄마는 땡땡이 무늬가 들어간 짙은 빨간색을 집어 들더니 내 가슴팍에 갖다 댔다. 순간 나는 몸서리치며 또 도망쳤다. 사내자식이 빨간색 땡땡이 옷이라니, 친구들에게 놀림당할 상상을 하니 더더욱 빨간색이 싫어졌다. 그러나 이후로도 엄마는 줄곧 빨간색 옷을 사 오셨고, 그때마다 내가 한사코 입지 않으니까 꾀를 내셨다. 조금 옅은 자주색이거나 흰색 바탕에 줄무늬가 들어간 모양으로. 어쨌든 기·승·전·빨간색이었다.

직장 생활을 하다가 풍수지리에 관심을 두기 시작했고, 훌륭한 스승님을 만나 풍수 공부에 매달렸다. 주말이면 스승님을 따라 전국의 산을 누비고 다녔다. 새벽 5시에 나선 풍수 산행은 자정이 다되어서야 집에 돌아올 정도로 심취했다. 우리끼리는 게릴라 풍수라 칭했다. 비가 오나 눈이 오나 바람이 부나 무조건 전국 팔도의 묘를 찾아다녔다. 명당의 발 복과 화를 증험하고 나니 더 깊이 빠져들 수밖에 없었다. 풍수 공부를 하다 보니 자연스럽게 오행을 알게 되었고, 내친김에 사주명리학도 배웠다. 사주 명리와 풍수는 비슷하지만 달랐다. 명리학을 배우면서 어릴 적 엄마의 마음을 읽을 수 있었다.

내 사주엔 불이 필요했다. 오행에서 불이 필요함을 알게 된 나는 돌아가신 엄마 대신 나에게 빨간색을 권하고 있다. 왜 엄마가 그토록 빨간색을 고집했는지 나이 50이 되어서야 짐작이

됐다. 나를 키우는 동안 얼마나 마음 졸이며 사셨을까 생각하니 눈시울이 붉어진다. 실제로 붉은색 계열을 입고 다니는 날 기분이 좋아지고 일이 잘 풀린다. 기억을 더듬어 보니 어릴 적 엄마가 보살펴 주던 때는 크게 다치지 않았는데 제 성질대로 살다가 많이 다쳤던 것 같다.

나는 전혀 기억에 없는 일이지만 내 인생 최대의 고비를 태어나자마자 마주했다. 돌도 되기 전에 시름시름 앓았고, 전국 유명한 병원은 다 다녔을 정도로 사방팔방 안 다닌 곳이 없었다. 엄마, 아버지는 사력을 다해 나를 지키려 했지만, 병명을 알 수 없었다고 한다. 결국, 더는 손 쓸 방법이 없게 되자 두 분은 나를 삼신할미께 맡겼고 그로부터 보름여쯤 뒤에 기적과도 같이 내가 깨어났다. 그러면서 삼신할미에게서 아들을 어찌 키우면 되는지를 소상히 전해 들었던 것 같다. 아마도 자주 빨간색 옷을 입히라는 이야기였겠지.

"맨날 싸구려 옷만 사줘. 짜증 나 진짜!"
"왜 나는 가난한 집에 태어났을까?"

야속한 마음이 수천 번도 넘게 들었고, 그 현실이 서럽고 또 서러웠다. 그나마 나는 귀하디귀한 장남으로 태어나 사랑을 받고 자랐으니 다른 형제들이 알면 속 뒤집힐 얘기인 것 또한 속

사주팔자(四柱八字), 제대로 내 인생에 적용합시다

상할 노릇이었다.

　얼마 전 시장에 나갔다가 옷가게를 지나던 중 생떼를 부리고 있던 한 아이의 모습에 어릴 적 내 모습이 떠올라 한참을 우두커니 섰다. 하늘에 계신 엄마의 그 빨간 마음이 사무치게 그리운 아침이다.

A 퍼스널 컬러를 용신에 맞춰 코디하면 좋아요

사주를 보게 되면 자신의 용신(用神)이 무엇인지 확인하는 것이 중요합니다. 용신이란 사주팔자에서 나를 도와주는 세력, 그중에서도 나에게 꼭 필요한 오행(水, 木, 火, 土, 金)을 말합니다. 어떤 오행이 들어와서 사주의 원국에 평화를 주게 된다면 그 오행이 바로 용신이 되는 것입니다. 상큼한 봄 웜톤, 시원한 쿨톤 등 퍼스널 컬러를 용신에 맞춰 의상 코디를 한다면 면접 때나 중요한 일과 직면했을 때 좋은 작용을 합니다.

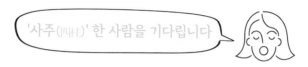

'사주(四柱)' 한 사람을 기다립니다

앞선 글에서 언급했듯이 어릴 적 내 인생은 질곡의 세월 그 자체였다. 처음 사주 상담을 받으러 갔을 때 명리학자는 내게 말했다.

"당신이 태어나고 가세가 크게 기울었다."

순간 화가 났다.

"아니 이 사람이 뭘 안다고 이런 말도 안 되는 소리를 한담."

그리고는 또 뭐라고 하는지 보자는 심정으로 마뜩잖게 귀를 열었다. 계속되는 그의 말에 의심을 내려놓을 수밖에 없었다. 직설적으로 내뱉는 그의 말에 경계가 풀려버렸다. 사실이었다. 내가 태어나자마자 아파서 사경을 헤매는 바람에 부모님은 전답을 팔아 병원을 전전하였고, 가세는 이내 기울고 말았다. 한때

16

마을에서 잘 나가던 부호(富戶)였던 우리 집은 서서히 몰락하고 있었다.

　내게 사주를 풀어주던 그분께 명리학을 배웠다. 아직 공부가 덜 된 상황에서 사주를 주제로 이런 글을 쓰는 것이 조금 부담스럽지만 내 인생을 기록하는 의미로 쓰고자 한다. 사주를 배우면서 그 당시 내게 독설을 하게 된 배경을 알게 됐다. 내 사주는 어쩔 수 없는 장남 팔자로, 태어나자마자 가세가 기울게 되어 있더라는 사실이다. 그리고 어릴 적 고난을 겪었던 시절이 오행에서 금이 왕성하던 때였다. 아마도 우리 엄마는 그때 나를 지키는 법을 배운 것 같다. 붉은색으로.

　질곡 같은 내 인생을 돌아보게 되었다. 사주팔자 상 내게는 금(金), 수(水)가 가장 해로운데, 10여 년 이상 다니던 직장을 그만둘 수밖에 없었던 때도 금이 왕성하던 때였다. 또, 직장인이라면 한 번쯤은 쓰게 될 사직서를 안주머니에 계속 넣고 다니다가 갑자기 혼절하기도 했다. 그때는 오행에서 물이 범람하던 해였다. 지금도 겨울이면 어김없이 심하게 한 번씩 앓고 지나간다. 해마다 겨울 문턱에서 꼭 응급실을 드나든다. 최근에도 응급실에 갔다가 내가 갑자기 왜 이러나 싶어서 만세력을 펼쳐 보니 그날 일진 역시 내게 가장 해로운 금(金)이 왕성한 날이었다. 간신히 응급처치하고 약을 받고 나와 하늘을 보니 하늘은 여느 때와 다름

없이 너무나도 쾌청했다. 그런 하늘이 이젠 더는 야속하지도 않다. 이미 너무나 많이 겪어왔으니까. 그저 그걸 피해 갈 수 없다는 게 안타까울 뿐이었다. 비책은 풍수로 해결해 놓았으니 지켜볼 일이다. 다소 조금씩 약화되는 것 같아 위안이 되기도 한다. 더불어 그나마 내 사주를 아니까 그런대로 미리 조금씩 잘 대처하면 어느 정도는 피해 갈 수 있겠다는 믿음이 있어서 또 위로가 된다. 이 대목에서 사주를 가르쳐 주신 스승님께 감사드린다.

풍수 공부를 처음 할 때만 해도 그런 공부를 한다고 놀려대지는 않을까 하는 세간의 이목이 신경 쓰였다. 풍수사는 소위 지관으로 불리며 대게는 지팡이를 짚거나 전통한복에 긴 턱수염을 기른 행색을 떠올리기 쉽다. 약관의 나이에 패철을 들고 풍수 공부를 한다는 걸 드러낼 자신이 없었다.

"새파랗게 젊은 사람이 무슨 그딴 미신을 믿고 그런데!"라며 놀릴 게 뻔했으니까.

그러던 중 조금씩 물어보는 사람들이 생겼고 배우는 재미에 빠지게 됐다. 보면 볼수록 많은 부분이 맞아 들어갔기 때문이다.
누구나 인생에 단맛과 쓴맛을 보게 되는 날은 온다. 단맛이 들어올 때, 쓴맛이 들어올 때를 미리 알 수 있다면 좀 더 달게, 그리고 좀 덜 쓰게 살 수 있지 않을까? 물론 나도 인생에 정답은 없다고 본다. 태어날 때부터 정해진 운명대로 산다면 얼마나 싫증나고 한탄할 일이겠는가. 적어도 내가 겪어본 바대로라면 노력한 만큼 대가는 있더라는 것이다. 하던 일도 진인사대천명에 따라 인내하고 노력한 결과 좋은 결실로 이어졌다.

결론적으로 말하자면 운(運)은 운(運)일 뿐이다.

운(運)의 사전적 의미는 사주에서 사람이 태어난 뒤에 맞이하는 것이다. 후천적으로 그 사람에 관련하여 발생하는 일이다. 사람의 운은 크게 대운과 년 운으로 구분할 수 있고, 각자 그 운 중에 맞이하는 운세는 전혀 다른 것이다. 세운(歲運)은 해마다 맞이하는 간지가 만인이 공통이지만 사람은 태어난 생일이 각자 다르고, 사주도 천차만별이어서 모든 사람은 각각 다른 운을 맞이하게 된다.

사람은 생각한 대로 되기도 하지만 남보다 늦는다고 조바심낼 일도 아니다. 남과 비교하지 않아야 한다. 내가 운이 좋은 것처럼 행동하고 따르면 운이 좋아진다.

사주는 어떨 때 보는 게 좋을까요? 사람들은 되는 일이 없을 때, 노력한 만큼의 대가가 따르지 않을 때, 정말 죽고 싶을 정도로 힘들 때 점집이나 철학관을 찾게 됩니다. 그럴 때 철학관을 찾으면 솔직히 "매사에 주의하라"는 말 밖에 해 줄 말이 많이 없습니다. 따라서 사주는 자기가 뭔가 일이 잘 풀릴 때 보는 게 더 좋습니다. 평생을 기다린 대운이 내 편이기 때문에 뭔 일을 하더라도 방해 요소가 적습니다. 그럴 때 뭘 하면, 또 어떻게 하면 좋을지 인생 설계를 제대로 해야 합니다. 그때가 다시 오기 힘드니까요.

당신의 청춘은 개운한가요?
('삼재' 이야기)

"아직도 그런 걸 믿어요?"

"삼재는 대한민국 인구의 1,500만 명이 같이 들어와요. 왜냐? 삼재는 3가지 띠가 함께 들어오기 때문에 인구의 3분의 1이 삼재라는 얘기가 되는 거죠. 그렇다면 매년 1,500만 명은 다 힘들어 죽어야 한다는 건데, 진짜 그래요?"

스승님이 상담하면서 자주 하던 말이다. 사주를 보는 사람들이 가장 궁금해하는 것 중에 하나가 삼재다.

"제가 올해에 삼재라고 하던데, 그래서 그런지 되는 일이 없어요."

사주팔자(四柱八字), 제대로 내 인생에 적용합시다

이쯤 되니 삼재(三災)란 무엇인지 한 번 짚어볼 필요가 있다. 인터넷 지식백과를 찾아보니 삼재는 인간에게 9년을 주기로 온다는 3가지 재난이라고 쓰여 있다. 그 삼재의 종류를 보면 연장이나 무기로 입는 재난 즉, 도병재(刀兵災), 전염병에 걸리는 재난 역려재(疫癘災), 굶주리는 재난 기근재(飢饉災)가 있다. 또 대삼재(大三災)라고 하여 불의 재난(火災), 물의 재난(水災), 바람의 재난(風災)을 말하기도 한다. 이 삼재는 9년을 주기로 돌아오게 되고, 3년 동안 머물게 된다. 풍속에서는 그 첫해를 재앙이 들어온다고 하여 들삼재, 둘째 해를 눌러앉는다는 뜻으로 묵삼재 또는 눌삼재, 셋째 해를 빠져나간다고 날삼재라고 한다. 해가 지날수록 그 재난의 정도가 점점 약해진다는 뜻이다. 그렇다면 9년을 주기로 3년 동안 재앙이 온다면 숨 쉴 틈 없이 재앙이 온다고 해도 과언이 아니다. 도대체 어떻게 살라는 말인가.

개개인은 그렇다 치고 가족일 경우를 보자. 4인 가족을 예를 들면 보통 한 가족에 띠가 같은 사람이 한 명씩은 있을 수 있다. 이 경우 가족의 절반이 삼재에 들게 된다. 개명 상담을 했던 A 씨의 경우 본인과 아버지가 양띠이고, 동생과 언니가 쥐띠라고 했다. 그렇다면 A 씨의 경우 뱀·말·양띠 해가 삼재, 동생과 언니는 호랑이·토끼·용띠 해가 삼재가 되기 때문에 가족이 연이어 6년 동안 삼재를 겪어야 한다. 무슨 일이 제대로 되겠나. 가장 재앙의 세기가 크다는 들삼재가 가족 중 두 사람이 함께 오니 풍비박산이 날 수 있을 정도다. 바람 잘 날 없다는 얘기다. 무슨 희망이 있겠는가.

그리고 삼재가 끝나면 재앙이 물러나니까 좋은 일만 생겨야 하지 않을까? 주위를 보면 삼재가 끝났는데도 힘들다고 우는 사람들이 많다. 그렇다면 또 뭐가 잘못돼서 악재가 반복되는 걸까.

'혹시 이번에는 아홉수?'

아홉수 숫자 9는 10(十)이 되기 전의 미완결의 숫자(九)여서 심리적 불안이라는 설이 있다. 10이 될 때까지 행동거지를 조심하라는 걱정, 심리적 강박에서 오는 것이므로 아홉수에는 결혼도 이사도 하지 말라고 하는 것이다. 사주명리학적으로도 운(運)의 흐름이 주기적으로 바뀌는데 이 변화 주기의 9번째에 해당하는 해가 아홉수이기 때문에 미완결과 변화에서 오는 심리적 불안이라는 설이 있다.

사주에 삼재가 와서 충이 될 때에는 사주에 따라 변화가 온다. 따라서 단순히 삼재를 볼 게 아니라 개개인의 사주를 대운과 년운에 맞게 풀이하는 것이 바람직하다.

A 씨의 경우 대화를 해보니 실제로 뱀·말·양띠 해인 2013

년부터 시련을 겪었다고 한다. 약대 시험에 전력을 다했지만, 낙방을 하게 되었고, 좌절 끝에 유학을 떠나게 되었다면서 그 3년이 암흑기였다고 했다. 어떻게 보면 삼재의 영향을 받았을 수도 있다고 여길 수 있지만 A 씨의 사주에서 그 3년은 변화의 해였다. 새로운 좌표를 찾아 떠나는 변화무쌍한 해였다. 사주를 벗어나지 않았다.

따라서 삼재 때문에 위축되지 않아도 된다.

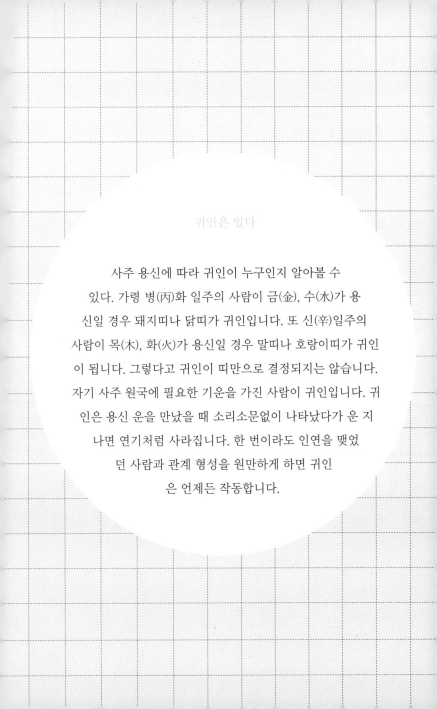

사주 용신에 따라 귀인이 누구인지 알아볼 수
있다. 가령 병(丙)화 일주의 사람이 금(金), 수(水)가 용
신일 경우 돼지띠나 닭띠가 귀인입니다. 또 신(辛)일주의
사람이 목(木), 화(火)가 용신일 경우 말띠나 호랑이띠가 귀인
이 됩니다. 그렇다고 귀인이 띠만으로 결정되지는 않습니다.
자기 사주 원국에 필요한 기운을 가진 사람이 귀인입니다. 귀
인은 용신 운을 만났을 때 소리소문없이 나타났다가 운 지
나면 연기처럼 사라집니다. 한 번이라도 인연을 맺었
던 사람과 관계 형성을 원만하게 하면 귀인
은 언제든 작동합니다.

말 안 듣는 자녀, 어떡할까요?

사주 명리 학에서 사주팔자의 천간과 지지는 체(體)와 용(用)이다. 체는 정신 또는 그 본성을 나타내며, 용은 육체를 가리킨다. 체를 떠나 용이 있을 수 없고, 용을 떠나 체가 있을 수 없다. 체와 용에 대한 이해가 없어서 답답한 세월을 많이 보냈다. 고집이 센 편이어서 고집이 발동하면 아집으로 변하기도 했다. 결혼 후 3년쯤 뒤 첫아기가 태어났다.

"애들은 말귀를 알아듣기 전에 버르장머리를 고쳐야 한다."

아빠가 되기 전에 주변 어른들에게서 듣던 소리다. 아이가 아무것도 모를 때부터 교육을 해야 한다는 얘기였다. 때를 놓치면 아이의 버릇을 고치기 어렵다는 것이다. 아직 미숙한 아이의 고칠 버르장머리가 어디 있다는 건지 이해할 수 없는 말들이었다. 그렇게 시간은 흘렀다. 그 무렵 옹알이하던 아이는 생애 첫 언어 '엄마'를 하는가 싶더니 '아빠'도 입에 붙었다. '아빠'보다 '엄마'를 먼저 한 게 조금 섭섭했다. '아빠!' 소리는 내 귀에, 심장에 큰 울림으로 다가왔다. 말하는 것 자체가 신기하던 아이는 어느덧 자기주장을 강하게 펼치기 시작했다. 워낙 아이의 주장이 강하다 보니 이를 고치기 위해 아이를 다그치기 시작했고, 마음에 들지 않을 땐 윽박지르기까지 했다.

"자식은 내 마음대로 할 수 있어!"

이런 말도 안 되는 아집이 발동했다. 그러다 보니 아이와 자주 부딪쳤다. 마음대로 컨트롤이 안 되다 보니 '어릴 때 버르장머리를 고쳐야 한다.'는 지난날 어른들의 말에 공감되었다.

"이미 늦어버렸군."

후회가 밀려왔다. 물론 고집이 센 아이의 장점도 있다. 아기 때부터 어딜 가도 주눅이 들지 않고 자신감 넘치는 모습이 너무 자랑스러웠다. 또래 친구들과도 잘 어울리고 활달한 성격에 리더십까지 갖췄다. 낯선 곳에 가도 처음 보는 아이들과도 격의 없이 지내며 금 새 그 그룹을 이끄는 친화력이 돋보였다. 그래서인지 초등학교에서 중학교에 이르기까지 줄곧 학급회장을 했다.

문제는 아이가 이따금 내 뜻대로 안 될 때를 참지 못했다. 내 마음대로 할 수 없게 되자 긴 한숨이 뿜어져 나왔다. 그러던 어느 날 풍수 스승님의 소개로 철학관을 가게 됐다.

"아따~ 고집 한 번 쩌네 쩔어!"

철학자가 내 사주를 보고 내뱉은 첫마디였다. 그러면서 타고난 사주팔자는 숙명이고, 연운은 운명이니 항상 모든 걸 품어야 일이 잘 풀린다고 했다.

"똥고집을 없애고 유하게 부드러워지면 만사형통할 것입니다. 또, 아이에게도 고집부리며 훈계하듯이 하지 말고 칭찬해주면 훨씬 좋아질 겁니다."

철학자가 내 성격을 꿰뚫고 있는 것 같아 얼굴이 화끈거려 쥐구멍이라도 찾고 싶었다. 철학자는 더불어 나와 아들은 그릇 자체가 다르니까 괜히 이기려고 하지 말고 그릇이 큰 걸 인정하라고 했다. 태생 자체가 다르다는 얘기였다. 상담을 마치고 돌아와 많은 생각을 했다. 그동안 아이의 품성을 살피기보다는 내 마음대로 하려고 했고, 그렇게 이끌었다. 그럴 때마다 오히려 더 뜻대로 되지 않았다. 자기반성을 한 뒤로 아이에게 부리던 고집을 조금 내려놓았다. 한꺼번에 다 내려놓기는 쉽지 않았다.

"저럴 수도 있겠구나."

생각을 고쳐먹으니 보이지 않던 게 보이기 시작했다. 내가 내 마음대로 되지 않는 게 싫었듯 아이도 아이 마음대로 되지 않는 게 싫었던 것이었다. 생각을 바꾸자 눈엣가시던 아들의 모습이 귀엽게 느껴졌다. 전혀 다른 존재였다. 그때부터 긴 한숨은 옅은 미소로 바뀌기 시작했다.

"아빠! 우리 단둘이 여행 가자. 아빠랑 둘이서만 여행 가고 싶어."

그로부터 얼마 뒤 아들은 느닷없는 제안을 했다.

"야! 엄마랑 같이 가야지. 머슴애 둘이서 무슨 여행이고 어색하게 시리."

"아니야. 아빠랑 가고 싶단 말이야."

'아들과 단둘이 여행이라….' 고민이 되었지만, 한편으론 무척 설레는 일이기도 했다.

'그래, 까짓거 한번 가보자!'

그렇게 아들과 나는 홍콩행 비행기에 몸을 실었다. 홍콩에 도착하니 으리으리한 고층 빌딩과 찬란한 도시 풍경에 아들의 동공이 커졌다. 우리는 낯선 곳, 낯선 언어, 낯선 사람들 속에 던

져졌다. 공항에 도착하자마자 슬쩍 아들 손을 잡아보았다. 그런데 웬일? 아들이 내 손을 뿌리치지 않았다. 여행 가기 전만 해도 어림없을 일이었는데 아들은 낯선 세계가 내심 두려웠던 걸까? 내친김에 잡은 손을 휘휘 저으며 걸었다. 여행 중 가장 큰 문제는 언어였다. 버스를 탈 때도, 박물관 입장권을 끊을 때도 말문이 막혔다. 그런데 이것을 아들이 해결해 주었다. 당황해서 어쩔 줄 모르는 나와는 달리 아들은 자신 있게 말을 했고, 자유 시간 내내 문제없이 다닐 수 있었다.

낯선 세계에 아들은 내게 의지했고, 낯선 언어에 나는 아들에게 의지했다. 홍콩 여행에서 우리 부자는 동물원 원숭이었다. 함께 다녔던 일행들은 부자지간에 여행 온 것 자체도 신기한데 너무나 친숙하게 다니는 부자가 낯선 여행만큼이나 신기하다고 했으니.

역시 나와는 분명 다른 녀석이었다. 내 기준대로 내 마음대로 안 따라주어서 윽박지르고 쥐어박고, 언어폭력을 일삼으며 살았던 그 지난 세월이 안타까웠다.

나와 다름을 인정하기가 참 오래 걸렸다. 스승님 덕분에 우연한 행복이 찾아왔다.

천간의 특성을 아는 것만으로도 그
사람의 천성을 짐작할 수 있습니다. 천간은 10간
12지중 10간을 의미합니다. 태어난 날의 천간 즉, 갑(甲)·
을(乙)·병(丙)·정(丁)·무(戊)·기(己)·경(庚)·신(辛)·임
(壬)·계(癸)의 특성을 아는 것만으로도 상대방과의 관계가 호
전될 수 있습니다. 예를 들어 갑(甲)목은 아름드리 큰 나무이고,
을(乙)목은 바람에 흔들리는 여린 나무이니 그릇이 다르다는
얘기죠. 천간에 12지지를 붙인 60갑자를 다 알기란 쉽지 않은
일입니다. 천간은 구체적이지 않기 때문에 일상생활에 영향
을 미치지는 않지만 한 인간의 근본적인 성향을 유추할 수
있는 근거가 되기도 하니까요.

애는 언제 낳아야 하냐고요?

나는 아들이 둘이다. 첫째를 키울 때 너무 힘이 들어 둘째는 낳지 않기로 했다. 하나만 잘 기르자고 아내와 다짐했다.

"장남이 애가 하나만 있으면 안 돼! 형제가 많아야 하는 법이여"

어머니의 계속된 성화에도 아내와 나는 꿋꿋하게 버텼다. 그러던 어느 날이었다. 아이와 함께 외식하러 중국집에 갔는데 옆 테이블에 있던 가족이 눈에 들어왔다. 부부와 아들, 딸 이렇게 네 식구가 단란하게 식사를 하고 있었다. 여느 가정과 다르게 없는데 이상하게도 자꾸만 그들에게 눈길이 갔다. 서로 의지하는 듯한 아들, 딸 두 남매의 모습이 화목하고 예쁘게 보였다.

외식을 마치고 집에 돌아온 밤이었다. 아이를 재우고 아내와 침대에 누워 도란도란 이야기하고 있었다.

이렇게 해보세요~ 인생이 달라질 거예요

"여보야. 아까 점심때 우리 옆 테이블에 있던 가족들 참 좋아 보이지 않았어?"

"어? 응. 나도 참 좋아 보이더라. 네 가족이 단란해 보였고, 특히 남매가 보기 좋더라."

그랬다. 아내도 그 짧은 시간에 나와 같은 생각을 하고 있었다. 순간 내 마음에 지진이 일었다.

"여보야~ 우리 아기 한 명 더 낳을까?"

끓어 오르는 이 말은 입 밖으로 나오지 못한 채 입안에서 계속 맴돌았다. 내가 먼저 말했다가는 또 어떤 천둥이 떨어질지 모를 일이었다. 조심스럽게 아내의 눈치를 살폈다.

"우리도 한 명 더 낳을까?"

아니 이게 웬일? 아내가 먼저 입을 열었다. 심장이 미친 듯이 날뛰었다. 하지만 그 심정을 바로 표현할 수는 없었다. 아내가 언제 돌변할지 모르기 때문이다.

"에이 무슨 소리. 쓸데없는 소리 하지 마."

조심스럽게 마음에도 없는 대답을 하고 다시 아내의 눈치를 살폈다.

"그러지 말고 그냥 한 명만 더 낳아보자. 아까 그 가족들의 모습이 자꾸만 떠올라서 그래."

"그래? 사실은 나도 그런데. 그럼 우리 진짜 한 명 더 낳아 볼까?"

그렇게 둘째가 태어났다. 그때는 이미 엄마가 돌아가신 뒤였다. 우리 부부는 둘째를 엄마가 주신 선물이라고 생각했다. 어쩌면 우리 엄마 성격상 선물이 아니라 당신 뜻대로 떠안긴 것인지도 모른다. 둘째의 출산일이 다가올 즈음, 아기 이름을 짓기 위해 작명소를 찾았다. 상담 후 아기 이름을 받아들었을 때 그분은 좋은 날 좋은 시로 출산택일을 해주셨다. 첫째를 제왕절개로 낳았기 때문에 둘째도 어차피 제왕절개를 해야 하는 상황이었다. 아내가 다니던 산부인과에 택일한 날 출산이 가능한지 물었고, 염려 말라는 대답을 들었다.

그러나 출산예정일이 다가오자 병원에서 택일한 날 그 시간에 출산할 수 있는지 확답을 주기 어렵다고 했다. 인제 와서 안된다고 하면 어떻게 하느냐며 따져 물었지만 소용없었다. 급히 다른 병원을 수소문했고, 가능한 곳을 찾아 병원을 옮겼다. 그러나 옮긴 병원에서도 날짜가 다가오자 장담하기 어렵다는 말을 했다. 일이 꼬이기 시작했다. 어차피 좋은 날 좋은 시를 장담하기 어렵다면 산모의 안전이 더 중요하다는 생각이 들었다. 그래서 산모의 상태를 가장 잘 알고 있는 처음부터 다니던 병원에서 그냥 낳기로 했다. 그 모든 게 산부인과 의사의 스케줄 때문이 아니라 마취의사의 스케줄이 확정적이지 않았기 때문이었다. 다른 병원에서 먼저 출산한 산모가 마취에서 깨어나는 걸 확인해야만 올 수 있으므로 시간은 장담하기 어렵다는 것이었다. 하는 수 없이 출산은 하늘에 맡기기로 하니, 오히려 마음이 편안해졌다.

드디어 출산 당일. 시간이 임박하도록 마취 의사가 도착하지 않아 발을 동동 구르고 있을 즈음, 예정 시간을 코앞에 남겨두고 마치 신선처럼 나타났다. 수술은 빠르게 진행되었고, 예정시간에 맞춰 둘째가 정확히 태어났다. 하늘에 감사했다.

"아기는 하늘의 돈 보따리를 가득 짊어지고 내려올 것입니다. 내 아이라고 막 키우지 말고 잘 섬기면서 키우세요. 그리고 꽃으로도 때리지 마세요. 함부로 다룰 아이가 아닙니다."

둘째의 이름을 지어주신 철학자는 신신당부했다. 그렇게 둘째는 잘 성장해서 중학생이 되었다. 성장하는 동안 둘째는 첫째와 확연히 달랐다. 특히 경제관념이 유난히 남달랐다. 어릴 때부터 용돈을 늦게 주면 일부러 달라고 하지 않았다. 한 참이 지난 뒤에야 용돈 날이 며칠 지났다면서 하루에 얼마씩 이자를 쳐서 받았다.

그런 둘째도 어느덧 중학교 2학년이 되었다. 둘째는 방학 때마다 다른 친구들은 해외여행을 가는데 우리는 왜 안가냐며 졸라댔다. 해외여행 한 번도 안 갔다 온 사람은 자기밖에 없을 거라며 입을 삐쭉 내밀며 툴툴거렸다. 마침 그 무렵 회사로부터 공로상을 받았고, 부상으로 부부 해외여행 특전이 주어졌다. 큰마음 먹고 가족 해외여행을 계획했지만 일을 다니는 아내가 휴가를 낼 수 없어 남자들끼리만 갈 수밖에 없었다. 그런데 둘째는 한사코 엄마랑 가족이 다 같이 가야 한다고 졸랐다. 내심 엄마를 혼자 두고 가는 걸 마음에 걸려 하는 눈치였다. 효심이 엿보였다.

여행지는 서유럽이었다. 정말 큰마음을 먹었다. 어차피 한 번 갈 때 제대로 된 추억을 안겨주고 싶었다. 공교롭게도 큰아들과 첫 해외여행도 중2였고, 둘째 아들과의 첫 해외여행도 중2였다. 그 무섭다는 중2병이 걸렸을 때 우리는 해외로, 그것도 삼부자가 함께 갔다.

네 명이 아니라 세 명이 가다 보니 호텔 방 잡는 것이 큰 문제였다. 2인 1실이 기본이니 엑스트라 침대가 되는지 확인해야 했다.

"아무래도 침대가 두 개밖에 없으니까 한 명씩 돌아가면서 아빠랑 자야 할 것 같은데?"

"아빠. 그냥 우리 둘이 같이 잘게. 아빠 혼자 편하게 자."

역시 둘째는 한 수 위였다. 영국, 프랑스, 이탈리아, 독일, 스위스 서유럽 5개국을 여행하는 동안 함께 간 일행들은 첫째와 홍콩에 다녀왔을 때처럼 우리 부자를 신기한 듯 바라보았다. 부자지간에 여행 온 것 자체도 신기한데 삼부자가 어깨동무며 장난도 치고 격의 없이 친구처럼 지내는 모습이 낯설다고 했다. 그 사이 엄마는 집에서 혼자 자유를 만끽하고 있었다. 여행하는 내 내 집에 혼자 두고 온 아내에게 미안했지만, 점차 미안함이 부러움으로 바뀌기 시작했다. 아들 두 녀석 뒤치다꺼리 하느라고 진땀을 흘렸기 때문이다. 아침마다 옷가지를 챙기고 뒷수발 하느라 정신이 없었지만 유쾌하고 즐거운 여행이었다. 때문에 두 아들과는 그 괴롭다던 중2를 무리 없이 보냈고, 또 보내고 있다.

둘째는 막내라서 그런지 내 눈엔 마냥 아이처럼 귀엽다. 공부도 스스로 알아서 하는 편이다. 공부 때문에 스트레스를 받아 본 적도 없다. 어느덧 나보다 훌쩍 커버린 막내의 장래 희망은 항공기 기장이라고 한다. 그것도 기장이 연봉이 많기 때문이라나. 과연 어떻게 자라 줄지 기대된다.

풍수와 명리를 배우고 나서 두 아들이 우리 품으로 온 게 결코 우연이 아님을 알게 되었다. 두 아들은 산의 지기와 사주대로 정확히 우리에게 선물처럼 안겼으니 말이다.

사주팔자(四柱八字), 제대로 내 인생에 적용합시다

사주에서 자식이 몇 명인지, 아들인지, 딸인지 정확히 알
수는 없습니다. 다만 어느 때에 자식이 생기는지는 알 수 있
을 뿐 성별을 구분하는 건 하늘의 일입니다. 때문에 결혼해서
자녀를 낳고 싶다면 언제쯤 낳으면 좋을지 미리 상담해보는 게
좋습니다. 물론 사주에 자식이 있다면 운에 따라 때가 되면 자
연스럽게 갖게 될 수 있습니다. 신혼을 즐기는 건 좋지만, 자
식이 귀한 사람에게 하필 그때 자식 운이 들어와 있다면
놓치기 십상이니까 말이죠.

'연애불구'가 되지 않으려면?

사주 명리학을 공부하면서부터 주위로부터 궁합을 봐달라는 부탁을 많이 받는다. 대부분의 사람은 내가 공부를 한다는 걸 알고 테스트 삼아 보려고 한다. 밑져야 본전이라는 생각으로. 내가 복비를 받지 않을 게 뻔하기 때문이다. 일단 보고 나서 진짜 궁금하면 유명하다는 철학관에 가서 다시 보면 된다는 식이다.

궁합은 음양오행과 맞닿아 있다. 찬 사람은 따뜻한 사람을 만나야 하고, 뜨거운 사람은 찬 사람을 만나면 된다. 중화의 도이다. 누구든 서로 필요한 기운을 가진 사람끼리는 끌리는 법이다. 한눈에 반하는 것과는 거리가 있다. 비주얼이 마음에 들지는 않지만 그렇다고 싫지도 않다. 그냥 그런 경우가 많다. 그러면서 천천히 서로에게 스며든다. 대게의 경우 미인 여자 곁에 못생긴 남자가 있거나, 잘생긴 남자 곁에 못생긴 여자가 있는 걸 보면 이해가 안 된다는 사람들이 많다. 아마 그들도 이해가 안 가

사주팔자(四柱八字), 제대로 내 인생에 적용합시다

기는 마찬가지일 것이다. 누구든 비주얼을 보는 시각이 다르지는 않으니까. '나쁜 남자' 프레임도 마찬가지다. '나쁜 남자'가 있듯 '나쁜 여자'도 있는데 역시나 이해하기 어려운 영역이다.

궁합은 연애하다 보면 잘 알 수 있다. 서로 티격태격하다가도 쉽게 화해를 하게 되는 경우가 있고, 한 번 틀어지면 돌이킬 수 없게 되는 경우가 있다. 서로 다른 이성이 만나면 다투지 않을 수 없다. 다만 다투더라도 화해를 해야 인연을 이어갈 수 있다. 그렇다면 누가 먼저 화해를 하게 될까? 소위 썸 타는 사이에는 분간이 어려운 게 사실이다. 여자든 남자든 본심을 감추고 무조건 잘 보여야 하므로 누가 먼저랄 것도 없이 화해를 잘한다.

하지만 본격적인 연애가 시작되면 본성이 드러나기 마련이다. 그렇게 화해의 손길을 잘 내밀 던 사람이 고집불통으로 변한다. 자존감이 하늘을 찌르니 자연히 다툼이 오래간다. 물론 다툼이 오래간다고 무조건 궁합이 안 좋은 건 아니다. 참고로 무덤덤하고 듬직한 사람은 대개 뜨겁거나 차지도 않기 때문에 어느 쪽과도 잘 맞는 경우가 많다.

살면서 누구나 한 번쯤은 사주를 본 적 있을 것이다. 그런 사람이라면 자기가 불(火)이 많아서 뜨거운 사람인지, 물(水)이 많아서 차가운 사람인지 정도는 들어봤을 것이다. 그렇다면 처음 만나 인사를 할 때 악수를 해보면 어느 정도 짐작할 수 있다. 화(

40

火)가 많아 뜨거운 사람은 손발이 뜨겁고, 물(水)이 많아 찬 사람은 손발도 차다. 때에 따라 속이 뜨거운 데 손발은 찬 사람, 속은 차지만 손발이 뜨거운 사람도 있을 수 있지만 그런 경우가 많지는 않다. 따라서 불이 많은 사람은 악수했을 때 손이 차거나 시원한 사람, 물이 많은 사람은 악수했을 때 손이 따뜻한 사람과 사귀어 보면 괜찮을 확률이 높다.

음양의 성질과 함께 그 사람이 가진 본성과도 결이 맞아야 한다. 더불어 살(殺)과 형(刑), 충(沖)이 없어야 한다. 부부 궁이 서로 부딪히면 백년해로하기 어렵다.

얼마 전의 일이다.

평소 가까이 지내는 30대 여성이 자기 남자 친구와 궁합을 봐달라고 했다. 궁합을 보기도 전에 그 여성의 사주부터 보니 안타깝게도 남자 복이 없었다.

궁합 역시 마찬가지였다. 본인이 찬 데 남자친구도 차가운 사람이었다. 성질은 그랬고, 남자의 본성도 섬세하지 못하고 배려심이 없는 자기밖에 모르는 스타일이었다.

"남자친구가 잘 데려다주지도 않지?"

"네! 맞아요! 그걸 어떻게 아세요?"

"너무 정 주지 마. 어차피 오래갈 사이 아니니까."

"그럴 리가 없어요."

그 여성은 펄쩍 뛰면서 더 듣지 않고 가버렸다. 그 후로 우연
히 그 여성을 다시 만나게 되었다.

"남자친구와 잘 지내요?"

"아뇨. 헤어졌어요. 나를 아껴주지 않는 게 느껴져서 그냥 헤
어지자고 했어요. 선생님 말씀이 맞았어요. 지난번에는 화내서
죄송해요."

반대로 궁합이 정말 잘 맞는 사람이 있다. 서로의 부부 궁
이 합(合)이든 경우다. 합 중에서도 삼합(三合)이 되면 누가 강
제로 떼어 내려고 해도 절대로 떨어지지 않는다. 삼합이란 서
로 다른 성질이 만나 하나가 되는 경우다. 예컨대 사(巳.화), 유
(酉.금), 축(丑.토)은 화(火)와 금(金), 토(土)가 만나 금(金)으로 일
체가 된다.

그렇다고 삼합이 만사형통이라는 얘기는 아니다. 앞서 언급
했듯 더 중요한 건 서로에게 필요한 기운을 갖고 있어야 한다.

이렇게 해보세요~ 인생이 달라질 거예요

사주에서 이성은 서로 대립 하는 자리에 존재합니다. 예를 들어 수(水)일주인 사람은 남자이면 물로 끌 수 있는 불(火)이 여자가 되고, 여자일 경우 물길을 막을 수 있는 토(土)가 남자가 됩니다. 따라서 토(土)가 사주팔자에 없으면 남자가 희박해집니다. 다만 용신 운을 만났을 때나 년 운에 이성 글자가 들어오면 우연히 인연을 맺게 되는 경우가 있습니다. 그러니 그 운을 놓치면 안 되겠죠. "사랑 참 아픕니다."
교제가 시작되기 전 궁합을 보는 게 낫습니다.

궁합은 부모 자식 간에도 존재한다는 사실

평소 아끼던 후배와 어느 날 점심을 먹고 찻집에 갔다. 차를 마시는 와중에 후배가 자기 사주를 봐달라고 부탁했다.

"올해 들어서 아기 생각이 간절할 거야. 아기를 낳게 될 거고, 아기가 구세주이니까 많이 낳아서 잘 키우도록 해."

내 얘기를 듣고 있던 후배의 눈이 초롱초롱해졌다.

몇 달 뒤 그 후배를 포함한 직원들과 다시 점심을 먹었다. 맛있는 국숫집을 갔는데 그날따라 후배가 먹는 게 시원찮았다. 함께 동석했던 다른 사람이 뭔가 눈치를 챘고, 그 후배는 끝내 국

이렇게 해보세요~ 인생이 달라질 거예요

수를 거의 다 남겼다. 음식을 가리거나 못 먹던 후배가 아닌데…. 속이 좋지 않은 것 같아 바로 옆 찻집으로 옮겼다. 그러나 차를 고르는 것도 평소와 달랐다. 주문한 차를 받아들고 테이블에 앉은 후배는 모두의 의심스러운 눈치를 외면할 수 없게 되자 그때야 임신 사실을 털어놓았다.

 "정말 예전에 깜짝 놀랐어요. 아기를 가지려고 마음먹고 노력하고 있을 때 저한테 올해 아기 생각이 간절할 거라고 하셨잖아요. 또 올해 안에 아기를 갖게 될 거라고 하셨거든요. 그 순간 소름이 돋았어요."

 "나중에 은퇴 후에 철학관 차리면 잘 맞춘다고 홍보해 드릴게요."

 불교에서는 인연을 겁(劫)이라는 단위로 설명하고, 부모와 자식은 전생의 빚쟁이가 맺어진다는 얘기가 있다. 끝없이 베풀며 갚아야 한다는 논리에 왠지 공감이 간다. 부모 자식 간에는 항상 갈등이 상존한다. 오죽하면 "자식이 아니라 원수!"라는 말이 생겨났을까. 우리가 아기를 가질 때 택일을 하는 이유는 그런 위험 요소를 없애기 위함이기도 하다. 무작정 아기만 낳는 게 상책은 아니다. 아기와 엄마, 아기와 아빠의 관계가 좋아야 한다. 어떤 운을 갖고 태어나느냐에 따라 부모님과의 관계가 달라질 수 있

사주팔자(四柱八字), 제대로 내 인생에 적용합시다

다. 출산 택일은 그래서 또 하나의 휴먼과학이다.

물론 여자에게 있어 자식은 한없이 희생해야 하고, 직장을 위협하기도 한다. 때에 따라서는 직장을 가진 상태에서는 자식을 갖기 힘들 수가 있다. 육친을 이해해야 알 수 있는 관계다. 흔치 않은 일이지만 불임이 계속될 경우 직장을 그만두면 아기가 생기는 일도 있다. 내가 아는 지인 B도 그랬다. 정말 어렵게 아기를 가졌지만, 임신 초기에 유산을 하고 말았다. 그 무렵 스승님으로부터 출산과 자식 운에 대해 배우고 있었고, 스승께 자문하니 직장과 자식을 동시에 얻을 수 없는 경우라고 하셨다.
처방은 내려졌다. 직장을 그만두고 좀 쉬다 보면 아기가 생길 거라고 했는데, 정말 아기가 생겼다. 그 아기도 훌륭한 사주를 안고 태어나 무럭무럭 잘 성장하고 있다.

이제 곧 용트림할 때가 다가온다.

천륜은 소리 없이 때로는 요란하게 맺어진다.

사주에서 자식은 남자일 경우
나를 이기는 자리에, 여자일 경우 내 것을 빼앗
아 가는 자리에 있습니다. 예를 들어 토(土)일주 남자일
경우 뿌리를 내려서 땅의 움직임을 괴롭히는 목(木)이 자식
이고, 토 일주 여자일 경우 흙의 영양분을 빨아 자기가 빛나는
철광석, 즉 금(金)이 자식이 됩니다. 사주팔자에서 자식 글자가
없으면 자식을 가질 확률이 줄어듭니다. 이 경우에도 용신 운
을 만났을 때나 대운, 년 운에서 자식 글자가 들어올 때 현
대 의학에 의존해 본다면 가능성이 있을 수 있습니다.
또 자식을 낳을 때는 부모와 극이 되지 않는
게 좋습니다.

출산예정일은 언제가 가장 좋을까요?

'잉태' 글에 등장한 직장 후배의 출산 예정일이 다가오고 있었다. 그 후배는 여전히 내가 아기를 가지고 싶어 하던 자기 마음을 알아차린 걸 신기해했다. 출산도 그해 무술년에 낳을 것이라고 했던 말에 감탄했다. 아기가 생기기 전에 한 말인데 임신하고 병원에서 알려준 출산 예정일이 내 말과 맞아 떨어졌기 때문이다. 아기의 출산 예정일이 양력으로는 해가 바뀌는 기해년이 되지만 음력으로는 무술년이다.

스승님으로부터 배운 출산 예정일 복구분법을 맞춰볼 기회가 생겼다. 출산 예정일을 맞추기 위해서는 잉태한 시점을 알아야 한다. 후배의 사주팔자(四柱八字) 중에서 일주(日柱)를 기반

이렇게 해보세요~ 인생이 달라질 거예요

으로 잉태한 시점을 찾아 들어갔다. 물론 후배에게 물어보면 간단한 일이지만 대놓고 물어보기가 불편했다. 후배는 양력으로 무술년에 아기가 태어날까 봐 전전긍긍하고 있었다. 양력 무술년 12월에 태어나면 태어나자마자 한 살을 먹기 때문이다. 그래서 어떻게든 양력으로 2019년 1월 기해년에 낳아야 한다고 애를 태우고 있었다.

명리학을 배우는 나는 그것보다는 '좋은 날 좋은 시'에 태어나는 게 좋다고 했지만, 후배는 한사코 귀담아들으려 하지 않았다. '좋은 날'보다는 한 살을 더 먹지 않는 게 더 중요하다고 했다. 한 살 더 먹은 좋은 사주보다 한 살 덜 먹은 사주가 더 좋다는 얘기가 된다.

"그럼 평소에 사주를 믿지나 말 것이지."

고집을 피우는 후배가 이해는 되지만 사주를 믿는 나로서는 마음이 답답했다. 어차피 인명은 재천이니 하늘의 뜻에 따를 수밖에. 시간이 흘러 출산예정일을 한 달 앞두고 그 후배는 출산휴가에 들어갔다. 출산휴가를 가기 전에 후배는 기획기사를 준비했다. 임신과 출산 10달의 기록을 담은 기획 취재였다. 기사는 저출산 문제가 심각한 사회적 이슈로 대두하고 있는 만큼, '임산부의 체험담'을 담은 내용이었다. 후배는 출산휴가가 시작되고도 기획기사를 마무리하지 못해 다시 사무실에 나오면서까지 불나방처럼 일했다.

사주팔자(四柱八字), 제대로 내 인생에 적용합시다

복구분법으로 맞춰본 출산예정일도 병원에서 예측한 때와 크게 벗어나지 않았다. 병원에서 알려준 출산예정일보다 나는 수일 빨리 태어날 것으로 예측했다. 문제는 '그때를 중심으로 좋은 날이 언제일까' 하는 것이었다. 아기 자신에게는 당연히 좋아야 하고 엄마, 아빠와도 아무런 대척점 없이 서로 잘 맞아야 한다. 대게의 경우 아기와 엄마가 좋거나, 아기와 아빠는 좋은데 엄마와는 화합하지 못하는 경우가 있다. 그러면 안 보면 보고 싶고, 보면 이 갈린다.

날짜를 뽑아보니 아기 본인에게도 좋고, 부모님과도 화합이 잘되어 사이가 좋아질 그런 날이 있었다. 매우 아름다운 날이었다. 하지만 '임금님 귀는 당나귀'였다. 알아도 알릴 수 없고 알고 싶어 하지도 않았기 때문이다. 후배는 자연분만을 해야 하므로 그 날을 굳이 알려고 하지 않았다. 나도 후배의 소신을 존중해 알려주지 않았다. 그렇게 답답한 시간은 하염없이 흐르고 흘렀다. 내가 뽑은 날은 병원 예정일보다 8일 앞이었다.

그때부터 아는 게 병이 되었다. 속절없이 시간의 노예가 되어버렸다. 사주팔자에서 전체 인생을 관장하는 대운은 이미 정해져 있었기 때문에 그 대운을 자기 것으로 만들려면 날짜와 시간을 잘 맞춰야 한다. 그 사이 후배 역시 길일이 궁금해졌는지 대충이라도 귀 뜸 해달라고 했다. 그날이 속한 한 주간을 알려줬더니 눈치 100단인 후배는 그 날짜를 어림잡아 운동 강도를 높이고 있었다. D-day가 다가올수록 초조한 건 나였다. 3일 전부터 계속 꿈을 꾸었고, 꿈에서 후배가 아기를 낳으려고 하면 빨리 나오면 안 된다고 소리치고 있었다. 그렇게 밤을 하얗게 지새우다 보니 D-day, 마침내 그날이 왔다.

사람의 손으로 어떻게 할 수 없는 상황에 이르게 되자 포기가 되었다. 기대했던 후배로부터의 전화도 없었다. 오후 7시 30분이 넘어서는 순간 나도 모든 걸 내려놓았다. 이제는 그야말로 하늘의 뜻에 달렸다. 그나마 예정일까지 딱 하루, 아주 좋지는 않아도 나름 괜찮은 날이 있었다. 후배에게는 자식이 용신이어서 믿고 기다려 보기로 했다. 자식이 용신이기 때문에 좋지 않은 날에 태어나지는 않을 거라는 긍정의 기대만을 남겨 놓았다.

휴일이 되고 지인들과 풍수 공부를 떠났을 때 후배의 남편으로부터 문자가 왔다. 휴일 새벽에 아기를 출산했다고 했다. 출산 휴가를 가기 전 "딱 힘 두 번만 주고 낳을게요." 했던 후배가 정말 두 번의 힘을 주고 건강한 사내아이를 낳았다고 했다. 산에서 일하던 중 잠깐 쉬는 시간에 문자를 확인하고 너무나 기뻤다. 이제 남은 건 딱 하루, 그것도 이른 새벽 딱 그 시간밖에 없었는데 그날 그 시간에 세상에 나왔다. 내가 뽑았던 그날보다는 못해도 대운을 자기 것으로 받아먹을 수는 있게 되었다. 역시 예측한 대

로 부모가 자식 복이 있으므로 자식이 나쁜 날 나쁜 시에 태어
날 확률은 높지 않다. 마음껏 편안하게 축하해 주게 되어서 정말
다행이었다. 나쁜 걸 좋게 말해주는 말주변이 없어서 좋지 않은
날 태어나면 어떡하나 고민 고민했었다. 마음껏 축하해 주고 나
니 한 가지 보이는 게 있었다.

"아들 코에 노란 좁쌀 무더기가 있지?"
"어머! 그걸 어떻게 아세요? 그렇지 않아도 이상해서 신생아
실에 있는 다른 아기도 살펴보고 있었어요. 그런데 다른 아기들
은 없어요. 이게 뭐예요?"

후배에게는 돈주머니라고 했다. 살면서 아빠와 짝짜꿍이 잘
맞을 것이다. 후배는 인덕과 재복을 타고난 아들 덕에 벤츠 탈
날을 학수고대하고 있다.

대운은 태어나는 달에 정해지고,
출생일에 희비가 엇갈립니다.

출산은 엄마가 아기에게 해 줄 수 있는 고귀한 선물입니다. 사주팔자 여덟 글자 가운데 년·월이 정해지면 사주의 대운은 이미 결정됩니다. 문제는 어떤 날, 어떤 시에 태어나느냐에 따라 그 대운이 내 편이 될 수도 있고, 나를 힘들게 할 수도 있습니다. 태아가 모체로부터 복중을 탈출하는 시기에 따라 사주(운명)가 정해지게 됩니다. 태어나자마자 한 살 더 먹는 게 그리 중요하지 않습니다. 대운을 잘 만나는 게 더 중요합니다.

왜 '결혼은 다 때가 있다'고 할까요?

결혼은 다 때가 있다. 아무 때나 할 수 있는 게 아니다. 그래서 적령기라고 한다. 적령기(適齡期)의 사전적 의미는 나이가 어떠한 표준에 이르게 된 시기를 말한다. 그렇다면 결혼적령기라는 말은 결혼 시기에도 표준이 있다는 얘기일 텐데 과연 그럴까?

요즘은 결혼 시기가 많이 늦어지고 있다. 예전에는 20대가 남녀 모두 결혼 적령기였는데 요즘은 30대 초·중반인 것 같다. 아무래도 결혼보다는 자기의 꿈이나 이상에 더 많은 가치를 두기 때문일 것이다. 그러다 보니 결혼은 "내가 하고 싶을 때" 혹은 "경제적인 준비가 되어 있을 때"에 하고 싶어 한다. 그렇다면 결혼은 진짜 내가 하고 싶을 때 할 수 있을까? 물론 하고 싶을 때 하면 얼마나 좋을까. 사람들은 자기가 하고 싶을 때 결혼하고 싶어 하면서도 '이러다가 때를 놓치면 어쩌나.' 걱정이 늘어진다. 결혼만 생각하면 마음 편할 날이 없다. 일가친척을 만나게 되는

이렇게 해보세요~ 인생이 달라질 거예요

명절이 싫은 가장 큰 이유다.

사주명리학적으로 결혼적령기는 어떻게 될까.

사주팔자에서 어떤 사람은 태생부터 이성을 달고 태어나고, 어떤 사람은 팔자에 이성이 없다. 늘 주변에 이성이 많은 사람과 이성이 없는 사람, 누가 더 결혼 확률이 높을까? 결론적으로 극과 극은 같다고 했다. 이성이 많은 사람은 정작 자기 것은 없다. 늘 주변에 이성이 있는 것처럼 보이지만 진짜 내 사람은 없다. 또 늘 이성이 없던 사람은 누구나 "쟤는 결혼 못 할 거야"라고 했는데 결혼해서 잘 사는 경우가 있다. 진짜 내 사람이 없는 경우라면 대게 항상 주변에 이성이 많았으므로 내가 마음만 먹으면 언제든 결혼할 수 있다고 생각하기 쉽다.

"물 들어왔을 때 노 저으라고 했다."
그런데 사람들은 그때가 물이 들어온 때임을 알지 못한다. 물이 빠지면 썰물처럼 빠져나간다. 늘 북적이다가 없으면 외로움을 타게 되고 뒤늦게 찾아보지만 나타나지 않는다. 그 물 들어온 때가 용신(用神)이 작용해서 마음만 먹으면 비교적 순탄하게 이루어진다. 살다 보면 두 번쯤은 기회가 온다. 너무 어릴 때 오는 경우는 잡기 어렵다. 아직 독립하기 어려울 때 이성의 글자가 들어오면 놓치기 쉽다. 한 번 놓쳤다면 두 번째는 잡아야 하지 않을까.

　명리학 공부가 무르익기 전에 스승님의 가르침을 받아 한 지
인의 결혼 운을 점쳤다. 30대를 훌쩍 넘긴 남자는 자칫 결혼을
못 하게 될까 봐 걱정했다. 그도 20대 때 나름 열정적인 러브스
토리를 겪었다고 했다. 사주 원명을 들여다보니 그때가 정확히
결혼 운이 들어온 때였다. 그렇다고 절에 들어가라는 법은 없다.
때마침 다시 한 번의 기회가 열리고 있었다.

　"곧 물이 들어 올 터이니 고정관념을 버려야 한다. 이런 사람
을 다시는 만나지 못할 것 같다는 생각이 들게 될 것이고, 그때
는 주저 없이 프러포즈해라."
　멀리 있는 그 사내는 우연히 만난 여인에 대해 알려줬고, 두
번을 만나기 힘들었던 인연은 연거푸 이어졌다. 또다시 고민을
하고 있을 때 쐐기를 박았다.

　"물은 다시 들어오지 않는다."
　그로부터 얼마 후 그에게서 모바일 청첩장이 날아들었다. 턱
시도를 입은 그의 앞에 천사가 있었다. 그는 운 좋은 사람이 되
었다.

　결혼적령기가 무슨 의미가 있을까. 막연히 3초 2말(남자는 30

대 초반, 여자는 20대 말) 혹은 3말 3초, 또는 직장을 잡은 후? 전세를 얻을 수 있을 때? 집을 살 수 있을 때?

아니다. 이상만 좇다가는 닭 쫓던 개 지붕 쳐다볼 수 있다.

이성을 만날 때 제일 많이 듣는 게 '끌림'이다. 소위 말하는 그 '삘' 말이다. 한 번쯤 끌림에 몰입해 보지 않은 사람은 없을 것이다. 막 성인이 되던 시기 꼭 한 번은 겪게 되는 황순원의 '소나기' 같은 사랑에 홍역을 앓아 본 사람들 대다수가 다시 그 볏짚 속에 있고 싶어 한다. 첫사랑은 그것 만의 순수함이 있다. 모든 사랑이 첫사랑일 수는 없다. 백마를 탄 사람도, 공주도 다 때가 있다.

결혼은 어디까지나 먼 미래의 일이 아니다. 사주 원명에 이성을 달고 태어났든, 이성을 하나도 못 달고 태어났든, 이성은 있는데 서로 부딪히든 누구나 용신 운을 한 번쯤 만난다. 용신이 들어왔을 때가 물이 들어오는 때다. 명리학을 떠나서 "이런 사람을 다시는 만나지 못할 것 같다."는 생각이 들 때, 바로 그때가 결혼 적령기다.

그렇다고 모두가 웨딩마치를 울려야 행복할까? 아니다. 누군가는 이성을 달고 있으면 그 대가를 치러야 하는 때도 있다. 행복은 저마다 그 척도가 다르기 때문이다.

살다 보면

느닷없이 소개팅이 연결되고,

우연히 누군가를 만나는데 인연이 이어지는 경

우가 있습니다. 그럴 때 사람들은 대게 "뭐지?" 하면

서 의아해하지만 대수롭지 않게 생각합니다. 그저 자기 주

변에 사람이 모이는 걸 신기해할 뿐이죠. 꼭 결혼해야겠다고

생각한다면 그때를 놓치면 안 됩니다. 운이 좋을 때 이성도 따

라옵니다. 사주에 이성이 없으면 운 지나면 이혼하는 경우가

많습니다. 운으로 만난 이성은 운 지나면 떠난다는 얘기

죠. 하지만 서로에 대한 이해가 깊으면 운이 지나도

유지될 수 있습니다. 다만, 감내할 건 감내

하면서 말이죠.

당신은 국제결혼을 하게 될지 모릅니다

막냇동생은 엄마가 돌아가시기 전까지 엄마와 단둘이 생활해 왔다. 6남매 중 나머지는 다들 결혼해서 가정을 꾸리고 있었는데 막내만 결혼을 못 하고 있어서 엄마와 함께 지냈다. 나를 비롯한 나머지 형제들은 모두 연애결혼 했는데 동생은 구르는 재주가 없었다. 무뚝뚝하기 그지없는, 영락없는 경상도 남자 그 자체였다.

"야! 너는 입에 거미줄 치겠다."

종종 우리 형제들은 워낙 말이 없는 막냇동생에게 이렇게 말하곤 했다. 형제들끼리 모여 왁자지껄 떠들어도 입 한 번을 안

떼니 형제들 입장에서 울화통이 터질 만도 하다. 그런 동생은 엄마가 돌아가신 뒤로 아파트에서 혼자 생활하고 있었다. 얼마나 외로 울까 싶고, 밥은 제대로 먹고 다니는지, 아픈 곳은 없는지 여간 걱정되는 게 아니었다.

"여보세요. 니 잘 있제?"
"어!"
"밥은 먹었나?"
"어!"

동생과의 대화는 늘 이런 식이었다. 대답이 정말이지 아주 매우 짧다. 묻는 말에 대답만 할 뿐 상대에게 되묻는 법이 없다. 그러니 통화가 길어질 리가 없다.

"가하고 이바구 하다보면 속에 천불이 난다."

우리 형제들이 막내 얘기를 하다 보면 이구동성으로 하는 얘기다. 피를 나눈 형제도 이런데 남들은 오죽하겠나 싶어서 여자 친구를 못 사귀는 이유가 궁금하지도 않았다. 다만, 답답할 뿐. 나이 마흔이 넘도록 혼자 살고 있으니 걱정이 이만저만이 아니었다. 무엇보다 아플 때 주위에 아무도 없을 걸 생각하니 마음이 더 짠해졌다. 결국, 몇몇 아가씨들을 소개받아 맞선을 보게

이렇게 해보세요~ 인생이 달라질 거예요

했다. 나이가 많다 보니 상대편도 나이가 비슷한 사람을 찾아야 했다. 물론 그때 쯤 내가 사주 공부를 시작하고 있어서 될 수 있으면 궁합이 좋은 사람으로 선을 보도록 하고 싶었지만 여의치 않았다. 소개팅 의뢰가 들어오는 상대편 여성도 대부분 사주를 보니까 결혼 운이 늦게 있거나 혼자 사는 게 나을 것 같았다.

상대 여성 탓할 일은 아니었다. 내 동생도 사주에 여자는 있지만, 여자 글자가 깨져 있어서 만나기 참 어려운 팔자였다. 여자 운이 너무 일찍 들어와 있는 경우였다. 그것도 10대에. 그러니 아무리 소개팅을 계속 주선해 주어도 성사되기가 힘들었다. 이러다 총각 귀신 되겠다 싶어 동생을 설득했다.

"니, 우리나라에는 아무래도 짝이 없는 것 같다. 국제결혼 하자!"

웬일인지 동생이 발끈하지 않았다. 자기도 인정하는 눈치였다. 그리고는 내 뜻을 받아들였다. 그때 내가 국제결혼을 제안한 것도 이유가 있었다. 동생 사주에 국제결혼 할 수 있는 글자가 있었다. 그것도 배우자 궁에 국제결혼 하는 글자가 시지와 합을 이루고 있었다. 그 한 가닥 희망을 안고 결혼상담소 문을 두드렸다. 때마침 큰누나 시댁 식구 중에 한 사람도 국제결혼을 한 터여서 도움을 받아 진행했다. 얼마 뒤 동생과 큰누나는 비행기

사주팔자(四柱八字), 제대로 내 인생에 적용합시다

에 올랐다. 동생 혼자 가는 것보다 큰누나가 함께 가는 것이 좋겠다 싶어서였다.

스승님의 도움으로 우여곡절 끝에 동생은 결혼하게 되었다. 우리 집안 처음으로 국제결혼을 하게 된 것이다. 동생은 매우 만족해했다. 무뚝뚝한 데다가 성질도 까칠까칠해서 어떤 여자가 그 비위를 맞추고 살까 싶었지만 결혼한 동생은 우리가 알던 동생이 아니었다. 말이 통하지 않아 답답해 죽을 것 같았지만 둘은 전혀 동요하지 않고 다정하게 대화를 이어나갔다.

머나먼 이국땅으로 시집온 제수씨도 붙임성이 좋아서 신랑 팔짱을 낀 채 착 달라붙어 떨어질 줄 몰랐다. 가족들이 보건 말건 둘의 스킨십은 그치질 않았다. 우리는 천지가 개벽한 줄 알았다. 세상 나긋나긋한 동생이라니…

국제결혼 하는 운은 일지(日
地)에 역마(寅申巳亥)를 깔고 있는 사람이 시지
(時地)에 있는 글자와 합을 이뤄 남자는 재(財)가, 여자
는 관(官)이 되면 확률은 커집니다. 우리는 흔히 한 자리에
못 있고 싸돌아다니는 걸 좋아하는 사람들에게 역마살이 있다
고 통칭합니다. 역마를 지지에 깔고 있는데, 그것이 용신 역할
을 한다거나 용신 운이 들어왔을 때는 쉽게 말해 싸돌아다니
는 게 좋습니다. 돌아다니다가 귀인을 만나게 될 수 있으
니까요. 역마살이 있다는 얘기를 들어본 사람은 돌아
다니는 게 좋은지 아닌지 확인해 볼 필요가
있습니다.

이름이 당신을 바꾼다는 사실, 알고 계세요?

후배가 아기를 낳고 문자를 보냈다. 시어른께서 지어주신 아기 이름이라며 봐달라고 했다. 시어른께서 지어오신 이름인데 감히 내가 이러쿵저러쿵 하기가 부담돼 망설였다. 후배는 한사코 괜찮으니 봐달라고 했다. 누가 지었느냐는 물음에 시어른이 아는 지인께 부탁해서 지은 이름이라고 했다. 이름 풀이를 해보니 성명학에도 맞지 않고 더 큰 문제는 사주에 맞지 않는 이름이었다. 이번에도 아는 처지에 돌려 말할 수 없어 직설적으로 말했다. 시아버지가 지어온 이름을 단박에 거절하기 어려웠던 후배는 고민이 깊어졌다. 후배는 나름 아기 이름을 생각해 놓은 듯했다. 하느님을 알아간다는 뜻의 이름으로. 하지만 나는 그 이름 역시 별로 좋지 않다고 알려줬다.

"제가 나중에 전화 드릴게요. 여기 무슨 젖소 공장 같아요."

후배는 병원에서 모유 수유 중이라며 서둘러 톡 대화방을 나갔다. 그리고 다음 날 아침 일찍 다시 문자 메시지로 작명을 의뢰했다. 정중히 부탁한다는 말과 함께. 대신 세련되고 흔하지 않은 이름으로 지어달라고 부탁했다. 흔하지 않고 촌스럽지 않게 해달라고 거듭 강조했다.

"여기 젖소 느낌 사무쳐서 눈물 나요."

일상에 묻혀 있을 때쯤 산후조리원에 있던 후배에게서 다시 연락이 왔다. 이름을 많이 기다리는 눈치였다. 사주를 근간으로 작명한 이름 10개를 주었다. 사주에 가장 필요한 글자를 넣는 것으로 작명하다 보니 다소 익숙한 이름들이 많았다.

"마음에 들었으면 좋겠다." 후배에게 익숙한 이름과 조금 세련된 이름 몇 가지를 보냈다. 그러나 마음에 들지 않는다는 답변이 왔다. 흔히 작명소에서는 예시로 3개밖에 안 주는데 괜히 보기를 많이 주었나 싶었다. 다시 작명할 수밖에 없었다. 원스톱 서비스를 하겠다는 다짐으로 다시 작명에 매달렸다. 이번에는 사주보다는 성명학을 중심으로 좀 더 세련되고 흔하지 않은 이름으로 지어볼 생각이었다.

곧 해외여행 일정이 다가오고 있어서 작명을 서두를 수밖에

사주팔자(四柱八字), 제대로 내 인생에 적용합시다

없었다. 주말 밤늦도록 계속된 작명은 끝이 보이지 않았다. 일을 마무리하지 못하고 잠이 들어서인지 다음날 새벽에 잠이 깼다. 어찌나 피곤한지 이불에서 나오고 싶지 않았지만, 모두가 잠든 새벽에 집중이 잘 될 것 같아서 이불 밖으로 퉁겨져 나왔다. 역시 예상대로 집중이 잘됐다. 식구들이 늦잠을 잔 탓에 늦도록 집중해서 작명할 수 있었다. 해가 중천에 뜰 무렵 작업을 마치고 다시 이름을 보냈다. 마치 합격자 발표를 기다리는 심정으로 그녀의 반응을 기다렸다.

후배는 고심 끝에 결국 처음에 지어준 이름 중에 하나로 결정했다. 흔하지 않은 이름에 비중을 둔 것 같았다. 그래도 성명학도 맞추고 사주에 필요한 글자가 들어간 이름이어서 다행이었다.

미래는 예측할 수 없이 아득하다. 부모는 아이가 이름처럼 살기를 바라며 멋진 이름을 지어준다. 하지만 너무 거창한 이름은 무거운 짐이 될 수 있다. 옛 어른들은 태명을 개똥이나 돼지라고 지어줬다. 태명을 촌스럽게 지어야 도깨비가 시기하지 않아서 아기를 일찍 데려가지 않는다고 믿었다. 그런데 요즘은 태명도 세련되고 멋진 이름으로 짓는 세상이 됐다. 도깨비도 없고 세상이 바뀌었다. 어쩌면 자식에 대한 애착과 부모의 한없는 사랑이 이름으로 시작되는지도 모른다.

이렇게 해보세요~ 인생이 달라질 거예요

정답이 없는 시대에 예나 지금이나 불변의 진리는 있다. 사람의 이름은 부르기 쉽고 기억하기 쉬운 이름이 좋다. 이 또한 아기가 태어난 연월일시로 사주를 보아 오행 중에 부족한 기운이 무엇인지, 지나치게 과한 기운이 무엇인지를 알아내 부족한 오행의 기운은 보충하고, 과한 기운은 덜어내면 된다. 아이의 이름은 아비와 어미가 아이에게 줄 수 있는 가장 큰 상징이자 보물이다. 이 대목에서 김춘수의 시가 떠오른다.

'내가 그의 이름을 불러주었을 때, 그는 나에게로 와서 꽃이 되었다.'

이름은 누군가의 마음에 꽃으로 피어날 수 있다. 후배의 아기 또한 많은 사람에게 불리며 아름답게 피어나길 기대해본다.

작명은 태어나면서부터 살아가는 동안 마주하게 될 역경에 미리 대비하거나 더 잘되도록 군불을 지피는 일입니다. 태어난 순간 하늘이 정해준 사주는 불변이며 숙명에 가깝다고 할 수 있습니다. 그렇다면 한날한시에 태어난 사람의 살아가는 모습이 왜 다른 걸까요? 부모 즉, 태어난 환경이 다르고, 만나는 인연과 그 간격을 채움이 다르며, 조상의 음덕이 다르고, 개개인의 의지가 다르기 때문입니다. 사주를 바꿀 수는 없지만 좀 더 좋은 쪽으로 변화시켜 가는 건 사람의 몫입니다. 그런 점에서 작명은 중요합니다. 사주의 부족한 점을 이름에 보태어 운명의 흐름에 좋은 영향을 끼칠 수 있으니까 말이죠.

이름을 바꾸는 것만으로 운명을 바꿀 수 있을까?

사람들은 한 번쯤 자신의 이름에 관해 관심을 가진다. 대게의 경우는 일이 잘 풀리지 않을 때다. 일이 잘 풀릴 때는 이름 따위는 안중에도 없다가 힘들 때 스멀스멀 궤워 낸다. 애써 이름 탓을 하게 되는 시점이다. 느닷없는 자기 학대다. 물론 놀림이 될 수 있는 이름을 가진 사람들은 경우가 좀 다르다. 이런 경우 이름이 자신을 옭아맬 수 있으므로 삶이 지난해서 그럴 수 있다. 우리 부모님 세대만 해도 본명을 밝히는 걸 싫어하는 경우가 많았다. 자신의 이름이 촌스럽고 부끄럽다고 생각했기 때문이다. 2005년 개명절차가 간소화되면서부터는 출생신고 때 잘못 적어서, 발음이 불편하고 어감이 별로여서, 범죄자와 동명이인이어

사주팔자(四柱八字), 제대로 내 인생에 적용합시다

서 등등 갖가지 이유로 이름을 바꾼다.

사람은 자신을 이름으로 가장 먼저 소개한다. 이름은 그 사람의 생사고락과 사후에도 함께하는 역사 그 자체. 성명학은 과학적으로 증명되지 않았다. 이름을 바꾼다고 해서 삶이 좀 더 나아진다는 확실한 증거는 없다. 개명은 누구를 위한 것도 누구에 의한 것도 아닌 오로지 나를 위해 하는 것이다. 자신이 특별할 거라는 믿음이 깨지고 좌절하고 고난을 겪다가 "이렇게 마냥 살다간 죽을 것 같다."는 생각이 들 때 개명을 떠올린다. 그렇다면 언제 개명하는 게 좋을까? 개명한다면 과연 인생역전이 될까?

"이름 하나 바꾼다고 네 인생이 달라질 것 같아?"

개명한다고 하면 주변의 반응은 싸늘하다. 그리고 여러 혼란과 마주한다. 믿음에 대한 불신이 그 첫 번째다.
"야! 그걸 믿어?"
"그래도 안 하는 것보다는 낫지 않을까?"

수많은 고민 끝에 사람들은 그래도 달라질 거라고 믿어본다. 그렇다면 개명에도 때가 있지 않을까? 물론 사주학적으로 말이다. 사주학에서 대운과 년 운에서 자기에게 필요한 기운은 60년을 주기로 바뀐다. 이 또한 대운의 주기를 잘 타고 나야 한다.

이렇게 해보세요~ 인생이 달라질 거예요

명리학에서 용신(用神)은 크게 목(木), 화(火) 용신과 금(金), 수(水) 용신으로 나뉜다. 어떤 이는 태어나면서부터 필요한 대운의 시작을 만나고, 또 어떤 이는 필요한 대운의 중간 또는 끝 지점을 만나게 된다. 따라서 사람에 따라 60평생을 별다른 고난 없이 편안하게 살게 되거나 단 10년만 그나마 순탄한 삶을 누리게 될 수도 있다.

사주팔자 구성이 전체적으로 화기가 많아서 뜨겁다면 찬 기운이 들어와야 하고, 반대로 구성이 차면 따뜻한 기운이 들어오면 된다. 따뜻한 기운은 목ㆍ화, 찬 기운은 금ㆍ수로 구분된다.

예를 들어 찬 기운이 필요할 때 따뜻한 대운을 만나면 사는 게 힘들게 되고, 따뜻한 기운이 필요할 때 찬 대운을 만나면 고난을 겪게 된다는 얘기다.

그렇다면 이왕 개명할 거라면 자기에게 필요한 대운에 맞춰서 하면 좋지 않을까. 개명하는 것만으로 인생역전이 될 확률은 높지 않다. 대게의 경우 앞서 언급했듯이 "이렇게 살다가는 죽을 것 같다."는 위기의식이 고조되었을 때 개명을 작심하기 때문이다. 개명한 뒤로 일이 잘 풀린다는 경우는 대운의 전환기 시점에 타이밍 좋게 결행했기 때문임을 알아야 한다. 개명해서 누구는 좋아지고, 누구는 별 볼 일 없게 되는 연유이다.

화려하게 꽃피다가 갑자기 뭘 해도 되는 일이 없고 마(魔)가

사주팔자(四柱八字), 제대로 내 인생에 적용합시다

낀다고 느낄 때 조금 힘든 걸 견디지 못하고 바로 개명한다면 변화를 느끼지 못한다. 물론 개명을 한다고 해서 천지개벽이 될 정도로 운이 뒤집히는 경우는 없다. 미신이라고 치부할 수도 있겠지만, 사주가 전체의 운을 관장하고, 개명은 일부분에 영향을 미친다. 굳이 사주와 개명을 비율로 나타내 본다면 80% 대 20% 정도라고나 할까. 이 20%의 영향을 제대로 받으려면 적절한 때 그러니까 적기에 개명을 하는 게 좋다.

개명은 사람의 운을 관장하기도 하지만 성품에도 영향을 미친다. 성질이 불같은 사람은 그 불을 다스릴 수 있는 글자를 넣어주면 되고, 차가운 사람 역시 중용의 글자를 넣어주면 되는 것이다.

2018년 가을에 만난 A 씨의 예를 들어보자. A 씨를 처음 만나 이런저런 대화를 나누던 중 그녀가 개명 신청했다는 사실을 알게 되었다. 순간 귀가 쫑긋했다. 내 관심 분야였기 때문이다. 개명이 잘 되었는지 보기 위해 불가피하게 사주를 확인하게 되었다.

A 씨의 경우 전체적인 사주 흐름은 좋았다.

"왜 이름을 바꾸려고 하는 거죠?"
"네. 제 이름이 너무 흔해서요."

이렇게 해보세요~ 인생이 달라질 거예요

그랬다. A 씨는 단지 휴대폰 전화번호 목록에 같은 이름이 많아서, 인스타그램 조회에서 자신을 찾기 힘들어서 개명 신청을 했다고 했다. 그는 유명하다는 작명소에서 이름을 지었고, 법원에 개명 신청을 하고 판결을 기다리고 있다고 했다.

"새로 지은 이름이 뭐죠?"

때마침 그는 찬명장(撰名狀)을 갖고 있었고, 확인해 보니 엉터리였다. 더 큰 문제는 한자 획수를 잘못 산정해 작명했다.

"이 이름은 지금보다 더 나쁜 이름입니다.
너무 흔해서 그런 거라면 우선 더 늦기 전에 철회하세요."

A 씨는 적잖이 당황하는 기색이었다.

"거금 30만 원을 들여 지었고, 나름 마음에 들었는데."

A 씨는 내 말도 귀담아듣는 듯 했지만, 한편으론 미심쩍어하는 듯했다. 그렇게 몇 시간 뒤 그녀 역시 한자 획수를 잘못 계산한 부분을 알아차렸는지 전화가 왔다.

"여보세요. 제가 법원에 빠르게 알아봤는데요. 다행히 아직

심사대기 중이어서 철회를 요청했더니 바로 기각됐어요. 정말 다행이에요. 평생에 한 번뿐일 텐데 하마터면 그 기회를 날릴 뻔했어요. 고맙습니다."

전화를 받고 흐뭇했다. 무언가 보람이 느껴졌다. 돌이켜보니 아전인수 격 이긴 하지만 어쩌면 A 씨는 잘못되지 않기 위해 때마침 나를 만났고, 첫 만남에서 개명 얘기를 꺼낸 게 아닐까 하는 생각이 들었다. A 씨의 사주 총운은 아주 좋았다.

현재 쓰고 있는 그녀의 이름도 100점 만점에 70점 정도였으므로 100점짜리로 바꿔주겠다고 제안했다. 하여 새로운 이름을 그녀에게 지어 주었는데 부모님은 한 번 일이 어그러지고 나서 개명하는 걸 꺼린다고 했다. 오히려 나와는 다르게 해석하고 계신다고 했다. 지금 이름이 좋으므로 잘못되지 않게 하려고 나를 만나게 됐고, 결국에는 지금 이름을 유지해야 한다고. 어떻게 받아들이던 결국은 A 씨의 운대로 흘러갈 것이라고 나는 믿을 뿐이다.

결론적으로 말하자면 개명은 한 번뿐인 인생에 두 번째 기회를 주는 것이다. 거듭 말하지만 이름 하나 바꾼다고 인생역전이 되지는 않는다. 만약 그게 사실이라면 세상의 모든 작명가는 대박 나지 않았을까? 분명히 자기 이름부터 바꿨을 테니까. 다만 좋은 운을 만났을 때 개명을 하게 된다면 더 잘되게 밀어주는 힘을 얻게 된다. 긍정의 에너지가 샘솟아 자기를 좋은 곳으로 이끌어 주니 소위 배경이 생기는 것이다.

'호랑이는 죽어서 가죽을 남기고, 사람은 죽어서 이름을 남긴다.'고 했다.

이 대목에서 명심할 것은 이름은 그냥 이름이 아니다. 이름 속에는 성격, 건강, 가정사, 출세 운까지 다 들어 있고, 이름은 곧 자신의 정체성이다. 고대 로마의 격언 중에 'Nomen est omen'이라고 있다. 이는 로마의 극작가 티투스 마키우스 플라우투스의 〈Persa〉에 사용된 유명한 문장이며 소설가 배수아는 〈불안의 서〉 책의 끝에 '이름은 하나의 징후다'로 번역했다. 세상에 이름 없는 사물은 존재하지 않는다. 인생사 공수래공수거(空手來空手去)라지만 이름은 갖고 간다. 결국 티투스 마키우스 플라우투스나 소설가 배수아가 말한 그 하나의 징후는 무엇일까.

이름은 '인생'의 징후라는 생각이 든다. 그 인생에 때를 잘 맞춰 좋은 징후를 불어넣어야 한다. 호랑이 담배 피우던 시절 이름 없이 살다간 '개똥이'처럼 평생을 의미 없이 살고 싶지 않다면 말이다.

사주팔자(四柱八字), 제대로 내 인생에 적용합시다

일기예보에 내일 비가 온다고 하면 우리는 미리 우산을 챙깁니다. 옛 속담 "소 잃고 외양간 고친다."는 말도 미리 방비하라는 뜻이죠. 개명도 이와 같은 이치입니다. 감정 결과가 나쁘다면 어떤 일이 닥치기 전에 개명할 적절한 시기에 해야 합니다. 예를 들어 금(金) 일주인 사람이 금, 수가 용신이라면 금, 수가 왕성해지는 해, 그러니까 최근 시점을 기준으로 한다면 2020년 庚子年과 2021년 辛丑年이 되기 전에 개명하면 자기가 노력한 만큼의 결과가, 좋은 일이 있을 수 있다는 것입니다.

호(號), 세상에 초연하겠다는 다짐

사람으로 태어나 살다 보면 여러 개의 이름을 가진다. 내가 원하든 원치 않던 말이다. 태어나기 전부터도 이름을 얻는다. 그것은 바로 '태명(胎名)'이다. 태명(胎名)은 세상에 태어나기 전에 처음 갖는 이름이다. 세상에 태어나 처음 갖는 이름을 초명(初名) 또는 아명(兒名)이라고 한다. 예전에는 제자가 성년이 되면 스승이 제자에게 호(號)를 지어주며 성년이 된 것을 축하해 주기도 했다. 호는 스스로 짓기도 하고 자신의 운세에 맞게 전문가에게 의뢰하는 경우도 많다.

호는 흔히 거처하는 곳, 이루고자 하는 뜻, 처한 환경 등을 근거로 짓는다.

사주팔자(四柱八字), 제대로 내 인생에 적용합시다

호를 가장 많이 사용한 사람은 명필로 유명한 추사 김정희 선생으로 추사라는 호외에도 청년 시절에 호가 100개도 넘어 백호당 이라는 호가 생겼다. 평생 사용한 호는 503개였다고 전해진다. 완당(阮堂), 예당(禮堂), 시암(詩庵), 노과(老果), 농장인(農丈人), 천죽고선생(天竺古先生), 모두 추사(秋史) 김정희(金正喜) 선생의 아호이다.

내게도 세 개의 호가 있다. 명함에도 이름 앞에 호를 넣었더니 관심을 두는 사람들이 많아 대화가 편해진다. 직업상 낯선 사람들을 많이 만나는데, 그럴 때마다 첫 대화를 어떻게 시작해야 할지 막막할 때가 많다. 그럴 때 호가 큰 도움을 준다. 대다수의 사람이 명함을 건네면 먼저 한자로 쓰인 호를 물어온다. 호 중에 불용 한자가 있어서 잘 몰라보는 사람이 대다수다. 그러니 나름 한자에 조예가 깊은 사람은 처음 보는 한자라며 물어올 때가 있다. 그러면 나는 한자를 설명하게 되고 어느새 그 사람과의 첫 만남에서 오는 어색함과 보이지 않는 벽이 다소 허물어진다.

내가 누군가에게 불리는 일. 이름으로 아니면 호(號)로, 아니면 애칭으로 불린다. 따라서 누군가의 이름을 부르는 것 또한 절대 가볍지 않다.

"우와~ 이름 참 예쁘네요!" "이름이 멋있어요."라는 말을 들

이렇게 해보세요~ 인생이 달라질 거예요

으면 왠지 자신감이 생긴다. 반면 "이름이 꽤 어렵네요."라는 말을 들으면 그 순간 심리적 위축이 될 수 있으므로 이름으로 상대를 놀리는 행위는 삼가야 한다. 그래서 누군가의 이름을 부르는 것을 가벼이 여겨서는 안 된다.

호(號)를 짓는 것도 성스러운 일이다. 그러니 누군가에게 호가 있다면 자주 불러주자. 십중팔구는 좋아할 것이다. 앞선 글에서 언급했듯 호 역시 인생에 숨을 불어넣는다는 심정으로 매우 정성껏 성스럽게 지었기 때문이다.

사람들은 저
마다 소통 채널이 다릅니다. 더
불어 살아가는 모양에 따라 공감 포인트가 다르
기 때문이죠. 대게는 소소한 일상으로, 전문분야로, 강연
으로 소통하고 호흡합니다. 글을 쓰는 사람들은 글로 소통하
는 경우를 자주 봅니다. 소통할 때는 '나'를 표현하는 도구로 이
름의 이니셜을 쓰거나 애칭을 쓰기도 하고, 동명이인이 많으면 이
름 끝에 아라비아 숫자를 붙여 표기하기도 합니다. 굳이 거창하게
'호(號)'를 쓰지 않더라도 글로 소통하는 사람이라면 필명을 지
을 때도 기왕이면 사주에 맞게 지으면 어떨까요?
이는 글이 아니더라도 마찬가지입니다. 나만의 또 다른
이름을 가져보는 것도 근사하지 않을까요.

사고는 '우연히'가 아니에요

기해년 설을 쇤 다음 날 회사에 출근했다. 명절 연휴 당직이었다. 그날은 명절 연휴에 앞서 서유럽 여행을 다녀온 직후였다. 여행을 마치고 귀국하자마자 연휴에 들어갔으니 여행 일정을 포함해 자그마치 12일을 쉬었다. 직장생활 수십 년에 이런 호사는 처음이다. 사무실에 들어서니 직원들이 먼저 와 있었다.

"우와! 여행 잘 다녀오셨어요? 설 명절도 잘 쇠셨어요?"
"덕분에 잘 다녀왔어! 떡국 많이 먹었어?"

오랜 기간 사무실을 비우고 놀다 와서인지 수고하는 직원들을 보기가 미안하기도 하고 한꺼번에 여러 인사를 받다 보니 좀

사주팔자(四柱八字), 제대로 내 인생에 적용합시다

머쓱해졌다. 가벼운 인사를 마치고 자리에 앉으려니 책상 위 먼지가 그간의 나를 대신해 따리를 틀고 있었다. 물티슈를 꺼내 먼지를 훔쳤다. 주변 정리를 끝내고 컴퓨터를 켜니 밀린 결제가 쌓여 있었다. 모바일로 전자결제를 해야 했는데 아차 싶었다. 나 때문에 업무 진행이 늦어지고 있다는 생각에 급히 밀린 결제를 마치고 메일을 열어 받은 편지함도 정리했다. 꽤 많은 메일이 주인을 기다리고 있었다.

'카톡!'

우리 6남매 단톡방에 불이 켜졌다. 카톡을 열어 글을 확인한 순간 심장이 내려앉는 것 같았다. 막내 누나가 등산 갔다가 쓰러져서 병원에 실려 갔고, 뇌혈관 스텐트 시술을 하는데 6시간 정도 걸린다는 큰누나의 전갈이었다. 도저히 믿기지 않았다. 주말마다 전국의 100대 명산을 찾아다닐 정도로 건강을 자신했던 막내 누나였다. 너무 놀라서 입이 다물어지지 않았다. 급히 막내 자형에게 전화를 거는 데 통화연결 음이 그렇게나 긴장되기는 처음이었다. 자형이 전화를 받기까지 그 짧은 시간에 갖은 생각과 추리가 겹치면서 전두엽이 찌릿찌릿해졌다.

"자형. 누나는요? 누나 어때요?"

자형께 인사는 접어두고 다짜고짜 누나 안부부터 물었다. 자형 목소리도 꽤 당황한 듯 많이 상기돼 있었다.

"옆집 아주머니랑 같이 산에 갔다가 쓰러져서 119에 실려 왔고, 조금 전에 응급 시술 들어갔어. 이미 뇌혈관의 90%가 넘게 막혀있었는데."

"누나 의식은 있어요? 자형은 알아봐요?"

누나의 상태를 짐작하기 위해 불규칙한 호흡을 억눌러 가며 빠르게 질문을 던졌다. 이윽고 시술 과정에 위험이 따를 수도 있다는 의사의 말을 전해주는 자형의 말에 다리 힘이 풀려 흐느적거렸다. 누나의 시술이 잘 되길 기도해달라는 자형의 말에도 깊은 떨림이 느껴졌다. 전화를 끊고 사무실 창밖 하늘을 올려다봤다. 그리곤 어느새 두 손을 모았다. 눈자위의 작은 눈물샘도 뜨거워졌다. 기도하던 중 뇌리를 스치는 누나의 말이 떠올랐다.

"올해 내 신수 좀 봐주라."

년 초부터 신수를 봐달라는 문자가 연신 왔었는데 바쁘다는 핑계로 차일피일 미뤄왔었다. 아차 싶어 그날 일진을 봤다. 천충(天冲)이 걸렸지만 지충(地冲)은 아니어서 목숨을 잃을 정도는 아니었다. 그럴 리가 없다며 안도하면서도 왜 진즉에 봐주지 않았는지 후회가 밀려왔다. 물론 미리 봐주었어도 정확히 예측할 수는 없었겠지만 조심하라고 일러줄 수는 있었을 텐데. 한탄이 쏟아졌다.

"처남! 누나 시술은 잘 됐어. 막힌 곳에 스텐트를 넣어서 잘 뚫어 놓았고, 혈류 흐름이 좋아졌데. 그래도 혈전이 돌아다니다가 또 어디를 막을지 모르기 때문에 중환자실에서 수일 동안 지켜봐야 한데."

2시간쯤 지났을까. 자형에게서 전화가 왔다. 하늘과 조상님께 감사했다. 무엇보다 누나 바로 옆에서 마음 졸이며 지켜준 자형이 너무나 고마웠다.

"고마워요. 자형. 누나 살려줘서."

퇴근 후 집으로 돌아왔지만, 여전히 불안한 마음을 떨칠 수 없었다. 중환자실에서 경과를 지켜봐야 하고 피딱지가 흐르다가 어떤 영향을 끼칠지 모르기 때문에 아직은 안심하기 이르다는 주치의의 설명이었다. 상황을 모르니 전화를 하기도 어렵고 속절없는 시간만 흘렀다. 그때 전화가 울렸다.

"지금 누나 면회하고 나왔는데 나를 알아보고 의식도 좋고 괜찮으니까 너무 염려하지 말게."

자형의 말에 눈에서 눈물이 왈칵 쏟아졌다. 벅찬 안도에 목 놓아 꺼이꺼이 울었다. 그때까지 영문도 모르고 있던 집사람이 달려와 화들짝 놀라며 무슨 일이냐고 당황해했다.

"누나가 괜 · 찮 · 대. 흐엉~~."

그렇게 시간이 흘러 누나가 안정을 되찾아 일반병실로 옮겼다는 소식을 들었을 때 누나에게서 전화가 왔다. 계속된 나의 부재중 전화에 콜 백을 한 거였다.

"야! 니! 내가 연초부터 신수 봐달라고 그렇게 졸라대도 안 봐주더니 이게 뭐고? 누나 죽을 뻔했다 아이가!"

"미안해 누나. 그렇지만 누나 아직 죽을 때는 아니니까 걱정하지 마라. 그날은 일진이 안 좋았을 뿐이니까. 그래서 고만고만하게 지나간 거다. 우리 6남매 모두 앞으로 3년 잘 넘겨야 한다. 이제부터는 건강에 자신하지 말고, 검진 제때 제때 하면서 건강하게 지내자."

위로랍시고 던진 말이다. 직업병 때문인지 에둘러 표현하는

85

사주팔자(四柱八字), 제대로 내 인생에 적용합시다

게 서툴다. 일진이 안 좋다고 그렇게 큰일을 당해야 하는지는 아직 의문이다.

"누나! 그리고 옆집 아주머니한테 정말 고맙다고 전해주라."

"그래. 나는 옆집 아줌마 아니었으면 죽었다. 생명의 은인이다. 원래 조용조용한 사람인데 내가 쓰러지니까 산에서 고래고래 고함지르면서 '사람 살려'라고 외쳐서 주변 사람 다 끌어모았다. 그중에 한 사람은 굴러떨어진 나를 부축해 오고, 한 사람은 119를 불러 놓고 산 밑까지 내려가 구급대원을 데리고 오고 했다. 모두가 합심해 도와줘서 살았다."

사람이 무턱대고 죽으라는 법은 없다. 이 팍팍한 세상에 평소 이웃들과 떡 하나라도 나눠 먹으며 인정을 베풀더니 모두의 도움으로 목숨을 건졌으니 말이다. 그로부터 1주일여 뒤 누나와 다시 통화하면서 알게 됐는데, 그날 이미 뇌출혈이 조금 있었다고 했다. 정말 간발의 차로 목숨을 건졌다.

명절 휴일에 집에 있다가 호출받고 부랴부랴 나와 준 의사 선생님을 비롯해 모두의 도움으로 장애도 없이 평상시와 같은 모습으로 돌아왔다. 그 이후로 계속 정밀 검진을 한 결과 심장 때문임이 밝혀졌고, 심방세동으로 다시 시술을 앞두고 있다. 심방세동은 발견하기가 정말 어려운데 운 좋게 건강검진에서 발견

이렇게 해보세요~ 인생이 달라질 거예요

되어 얼마나 다행인지 모른다. 감사한 일이다.

"누나! 살아줘서 고마워."

신수(身數)는 일 년의 길흉을 예견하여 흉한 것은 피하고 길한 것을 받아들이는 것을 말합니다. 신수는 보통 음력으로 전년 12월에서 신년 정월 안에 보는 것이 일반적입니다. 년 초에 신수를 볼 때 용신을 확인해 두는 게 좋습니다. 그리고 1년 중 조심해야 할 특정한 날을 알아 두십시오. 용신과 천충지충(천간충과 지지충)이 걸리는 날은 특별히 조심해야 합니다. 물론 대운이 좋은 시기에 있으면 괜찮습니다. 대운이 나쁜데 년 운이 좋은 날도 조심해야 합니다.

풍수지리(風水地理),

산에게 길을 물어보다

'길(路)'과 '흙(土)', '산(山)'에 물어봅시다

취재 아이템을 찾으러 이곳저곳을 다니며 귀동냥을 해야 했다. 취재 아이템을 찾기란 사막에서 바늘 찾는 경우와 같다. 무에서 유를 창조하는 일. 그 자체가 스트레스의 시작이다. 대게의 직장인들은 그날그날의 업무가 정해져 있고, 업무리스트별로 일을 처리하면 되지만 기자는 매일 매일 할 일이 정해져 있지 않다. 사건이 많은 우리나라 기자들은 사건을 좇아가기 바쁘다.

이런저런 사건이 없는 무심한 일상이 계속되면 아이템 기획에 골머리가 아프다. 그러다가 점심시간이 지나면 초조해지기 시작한다. 기사 보고 시간이 임박해지기 때문이다. 기자는 제아무리 열심히 일했다고 하더라도 기명 기사가 없으면 그날은 농

이렇게 해보세요~ 인생이 달라질 거예요

땅이 친 거나 다름없다. 그만큼 기사 발굴에 대한 심리적 압박감이 심할 수밖에 없다.

그날도 도무지 아이템이 떠오르지 않아 평소 다니던 출입처에 들러 이런저런 궁리를 하다가 한 번도 가보지 않은 사무실로 들어섰다. 풍문에 그 사무실에 가면 풍수 공부를 하는 사람이 있는 데 정말 재미있다는 얘기를 들어서 호기심이 발동했다.

인사를 나눈 뒤 내어준 차를 마시며 시작된 그분과의 대화는 점점 깊어갔다. 아니 그분의 말씀에 빠져들었다. 그분은 공직자 신분으로 3대에 걸쳐 풍수 공부를 하였고, 주말이면 일행들과 묘역을 찾아다니며 공부를 지속하고 계셨다. 산으로 가지 않는 평일에는 일과 후에 풍수 이론을 터득하며 주말에 다녀온 간산기(看山記)를 기록한다고 하셨다. 그분이 들려주셨던 풍수 이야기는 정말 흥미진진했다. 대화가 끝나갈 무렵 나도 풍수를 배우고 싶다며 간산에 동행할 수 있도록 해달라고 간청했지만 허락되지 않았다. 그 만남 이후로 풍수에 대한 궁금증과 배우고 싶은 욕망이 점점 커져만 갔다.

하지만 그분은 도무지 제자로 받아주지 않았다. 그렇게 포기를 하려던 여름 어느 날, 연락이 왔다.

"내일 산에 가는데 나올 수 있으면 와도 좋아요."

허락이 떨어지고 정말 얼마나 기뻤는지 모른다. 밤새 잠을 설

풍수지리(風水地理), 산에게 길을 물어보다

쳤다. 잠을 자는지 마는지 모를 정도로 뒤척이다가 새벽 동틀 무렵 집을 나섰다. 평소에도 낯선 사람들과의 대화가 어렵지는 않았지만, 그날은 정말 알 수 없는 긴장감과 궁금증이 밀려왔다. 동이 채 트기도 전에 모인 일행들에게 인사를 한 뒤 한 차에 타고 목적지로 이동했다. 차가 목적지로 달리는 사이 일행들은 하나같이 그분께 질문을 쏟아냈고, 그분은 정성껏 답변하며 더 세밀히 얘기해 주셨다.

차창 너머로 보이는 산을 보면서 그분과 일행들은 산이 이러쿵저러쿵 "정말 대단하다"며 감탄했다. 도무지 알아듣지 못할 말은 산에 올라 어느 묘지에 도착해서도 이어졌다. 내가 아는 거라고는 '좌청룡 우백호'밖에 없었다. 룡(龍)의 생김새, 안산(案山), 사격(砂格) 등을 중심으로 그 묘의 길흉화복(吉凶禍福)에 대한 설명이 계속됐다. 분명히 귀담아들었지만 마이동풍(馬耳東風)이었다. 한마디도 흘려 듣고 싶지 않았지만 마치 둑이 터진 것처럼 한꺼번에 빠져나가고 말았다. 그런 나와는 달리 일행들은 귀 쫑긋 세우며 그분의 말을 한마디도 빼놓지 않고 메모를 계속했다. 나도 곧바로 메모를 시작했다. 알아듣지 못하는 말도 귀에 꽂히는 대로 그대로 받아 적었다. 취재수첩에 깨알같이 쓰던 비결이 있어서 받아 적는 건 어렵지 않았다. 그렇게 산을 누비고 묘지를 돌아다니며 공부하는 사이 어느새 배꼽시계가 밥을 달라고 알려왔다. 일행들은 조금 늦은 점심시간에 허기를 달래러 식당에 갔다.

이렇게 해보세요~ 인생이 달라질 거예요

그때 일행들과 조금 편하게 대화하게 됐고, 대다수는 풍수 공부를 10여 년 이상씩 해왔다고 했다. 직업도 다양했다. 공무원, 사업가, 학자 등 전문직 종사자도 있었다. 풍수 공부를 하는 사람들은 대부분 수염을 기르고, 나이 많은 어르신들이 많을 것이라는 편견은 그날로 깨졌다.

나와 비슷한 젊은 사람들이었고, 사기꾼 같은 인상도 아니었다. 사실 처음에는 모두 이상한 사람들일 거라로 생각했다. 믿기지 않는 말들을 그런저런 낭설로 끼워 맞추는 '믿거나 말거나' '아니면 말고' 식으로 사람들을 현혹할 것으로 생각했다.

오전에는 역사에 잘 알려진 유명한 사람의 묘지를 살펴보며 공부를 했고, 오후에는 차를 타고 이동하던 중 명당일 것 같다며 무턱대고 묘소를 찾아 들어갔다. 그곳에서도 그분은 묘소를 쓰고 나서 후손들이 어떻게 발복(發福)을 했을지 예견했고, 우리는 한마디도 놓치지 않기 위해 속기하듯 써내려갔다.

동이 틀 무렵 시작된 간산은 해가 질 무렵까지 계속됐다. 아니 해가 넘어가서 어둑어둑해져서야 산에서 내려왔다. 거의 14시간 동안 산을 누비고 다녔다. 자정이 다가올 무렵 집으로 돌아왔다. 그날은 어떻게 잠이 들었는지 가늠도 안 될 만큼 깊이 곯아 떨어졌다.

다음날 나는 눈을 뜨자마자 전날 다녀온 묘소에 대한 추적에 들어갔다. 궁금한 걸 참지 못하는 직업병이 도진 것이다. 현장에서 말씀하신 그분의 설명이 맞는지 하나하나 퍼즐을 맞춰보기 시작했다.

결과는 놀라웠다. 묘를 조성하고 나서 얼마 뒤에 무슨 일이 일어났을 거라는 예측은 한 치도 빗나가지 않았다. 순간 나는 또 다른 의문이 생겼다. 워낙 유명한 역사적 인물에 대한 묘소여서 미리 다 알고 꿰맞춘 것은 아닌지 의문을 품었다.

하지만 예정에 없던 낯선 묘소를 찾아 들어가 말씀하신 것도 대부분 일치했다. 미리 비석 사진을 찍어 왔기 때문에 인터넷 검색을 통해, 또 그 집 가문의 족보 등을 통해 확인할 수 있었다. 소름이 돋았다. 묘 하나로 인해 어떻게 그런 일들이 일어나게 되는지 놀라울 따름이었다.

그분께 말로 듣던 것과 달리 현장 답사를 하면서 배우게 되니까 더욱 실감 났다.

그날 이후로 나의 풍수 공부는 거침이 없었다. 평일에는 취재에 열중하고 주말마다 산으로 내달렸다. 휴일에도 계속되는 풍수 공부에 집사람의 잔소리가 끊이지 않았지만 멈출 수 없었다.

"풍수 공부에 가장 큰 적이 무엇인지 아시오?"

"뭔데요?"

"바로 개와 안식구여."

"?"

"산에 들어가서 묘소를 조용히 둘러봐야 하는데 그놈의 개가 낌새를 차리고 마구 짖어댄단 말이지. 그리고 쉬는 날 미친놈 널 뛰듯 산을 돌아다니는 걸 어느 아낙네가 좋다고 할 거여. 그것도 등산 다니는 것도 아니고 남의 묘를 찾아다닌다는데 안 그려?"

듣고 보니 맞는 말씀이셨다. 이미 일행들은 그런 과정을 다 거쳤다지만 여전히 안식구는 '넘사벽'이라고 맞장구를 쳤다.

풍수에 발을 들여놓고 난 후로 우리는 비가 오나 눈이 오나 바람이 부나 무조건 묘소를 찾아다녔다. 풍수 산행이 계속되는 동안 스승님의 말씀대로 집사람과 다투는 일이 많아졌다. 집사람 마음은 이해가 되었지만, 풍수 공부를 그만둘 수는 없었기 때문이었다. '수신제가치국평천하'라고 했다. 풍수 공부를 오래도록 할 거면 집사람의 승낙 없이는 안 된다는 것을 뒤늦게 알았다. 그래서 집사람에게 제안했다. 주말과 휴일 이틀 중에 하루만 풍수 공부를 하게 해달라고.
집사람은 마지못해 승낙해 주었고, 나의 풍수 공부는 다소 더디지만 계속되고 있다.

"여보! 미안하고 고마워."

이렇게 해보세요~ 인생이 달라질 거예요

풍수지리는 현대 사회에 들어서 미신으로 터
부시되는 경향이 많습니다. 하지만 선거철만 되면 소
위 잠룡들이 풍수에 기대어 기지개를 켜죠. 육관 손석우 옹
이 김일성 사망일을 예측한 것은 결코 우연이 아닙니다. 혈(
穴)을 둘러싼 산봉우리와 물의 래거(來去), 용(龍)을 근간으로
묘를 쓰고 얼마 뒤에 어떤 일이 일어나는지를 예측할 수 있는
복구분법(卜舊墳法)이 있습니다. 스승님은 이 복구분법으로 많
은 부분을 정확히 예측하셨습니다. 미신이나 우연이라고 치
부하기에는 많은 부분이 과학적이기도 합니다.

살아있을 때 '묏자리'를 보아둡시다

여름이 절정에 다다르다 가을로 접어들던 1988년 어느 날 아버지를 따라 산 능선을 올랐다.

배낭에는 밤, 대추, 배, 사과, 정종 등이 들어있고, 병아리가 나들이 가듯 나와 동생 둘은 아버지 뒤를 따랐다. 낫을 든 동생은 우거진 수풀을 헤집고 나갔다. 자그마한 체구에 강단 있는 모습의 아버지는 능선을 오르다 멈춰 서시더니 발밑 삼각형 모양의 돌을 주워 오라고 하셨다.

"아부지! 돌은 뭐할라꼬예?"

"들고 오면 안다."

이렇게 해보세요~ 인생이 달라질 거예요

그냥 올라가기도 벅차던 나는 못마땅했다. 아버지 고집을 이겨본 적이 없어서 무작정 돌을 들고 따라 올라갈 뿐이었다. 아버지는 길도 없는 낯선 곳을 헤집으며 앞장서 가셨다.

"아부지. 할매 산소는 저쪽입니더."
"다 와간다 퍼뜩 온나."

비지땀을 흘리며 뒤를 따르고 있는데 아버지는 어느 지점에 멈춰 서시더니 그곳에 돌을 내려놓으라고 하셨다. 아버지도 가쁜 숨을 몰아쉬시고는 돌을 바닥에 꽂고, 돌 표면이 드러나게 흙으로 살짝 덮었다.

"아부지. 뭐하십니꺼?"

돌을 덮던 아버지는 주변을 살피면서 위치가 맞는지 반복적으로 확인하셨다.

"나중에 내가 죽거든 여기에 묻어다오."
"예?"
"아부지요…"
"여기 돌 꽂아 놓은 곳을 파고, 저기 저 산봉우리 쪽으로 향하게 묻어야 한데이."

풍수지리(風水地理), 산에게 길을 물어보다

먹먹해 하는 내 마음을 눈치채신 건지 아버지는 재빠르게 말을 낚아채듯 당부하셨다.

아버지는 위암 말기셨다. 수술 후 부쩍 말수가 적어지셨는데, 당신은 이미 조금씩 세상과의 이별을 준비하고 계신 듯했다. 나는 가쁜 숨을 돌리고 있는 아버지를 마주하기 힘들었다. 아버지는 애석해 하는 내 마음을 아는지 나와 눈이 마주치지 않으려고 초점 없이 먼 산만 바라보셨다.

"여가 할 매 산소 위라 역장 하는 거지만 할 매가 자손이 없기 때문에 괜찮을 끼다."

아버지가 표지석을 꽂아 놓은 아래쪽에 증조할머니 묘가 있었는데 자식을 낳지 못하고 일찍 돌아가셨다. 우리는 다시 증조할머니 묘에 가서 벌초하고 참배했다. 동생들과 둘러앉아 음복하면서도 자꾸만 아까 표지석을 놓아둔 그곳이 신경 쓰였다. 가시덩굴도 많고 칙칙한 그곳에 아버지를 묻는 건 있을 수 없는 일이다. 그로부터 2년도 채 못돼서 아버지는 세상을 떠나셨다. 병환이 깊어 가족들도 지쳐갈 즈음 아버지는 요란하지도, 그렇다고 느닷없지도 않게 우리 곁을 떠나셨다.

아버지가 떠나기 전 그해 여름 폭염을 지나 추석을 1주일 앞둔 시점이었다. 그 당시 아버지는 위장 대부분을 절개하여 겨우 미음 정도만 드실 수 있었다.

"나 수박 한 모금만 다오."

때마침 냉장고에 수박이 있었는데 이 말이 아버지가 내게 한 마지막 부탁이 될지 그때는 알지 못했다. 빨간 수박 속은 드시지도 못하고 숟가락으로 꾹꾹 눌러 고인 물을 떠 딱 두 숟가락을 드셨다. 그마저도 갑자기 스며드는 수박 물에 사레가 들어 힘들어하시더니 더는 드시지도 못했다. 그 수박 물 두 숟가락이 이승에서 맛본 마지막 음식이자, 내가 아버지께 드린 마지막 음식이 되어 버렸다. 아버지 제사상에 수박이 빠지지 않는 이유다. 황망하기 그지없게 아버지는 세상을 떠나셨고, 아버지는 당신이 미리 정해 놓은 곳에서 영면에 들었다.

살아생전 일찍 아버지를 잃고 고작 10살에 가장이 되신 아버지는 갖은 고생을 하셨다. 그런 연유로 성묘 갈 때마다 편안한 곳에 아버지가 잘 계신지 궁금했고, 그 풀리지 않는 갈증은 나를 풍수지리로 이끌었다. 운 좋게도 훌륭한 스승님을 만나 그 어려운 풍수지리 공부를 체계적으로 배울 수 있었다. 공부가 무르익어 갈 때쯤 스승님께 조상님들의 묘소 감별을 부탁했다. 다행히도 아버지 묘는 썩 괜찮은 자리에 잘 모셔져 있으니 걱정하지 말라는 말씀에 그제야 길고 무거운 시름을 내려놓을 수 있었다.

그리고 아버지 묘의 발 응으로 후손들이 토끼띠, 개띠, 닭띠가 태어났을 거라고 하셔서 소스라치게 놀랐다. 실제로 그런 후손들이 태어났기 때문이다. 풍수지리의 동기감응이 실제 일어나는 것 같아 온몸에 전율이 느껴졌다.

자식이 잘 안 되도록 바라는 부모가 세상 어디에도 없겠지만 자기로 인해 꿀단지 같던 자식이나 후손이 해를 입게 되는 걸 알게 된다면 얼마나 통탄할 일일까. 그런 일은 없어야겠기에 오늘도 풍수 공부를 위해 배낭을 메고 산을 오른다.

아버지는 당신의 신후지지만 정한 게 아니었다. 자손의 안위도 지켜주셨다.

이렇게 해보세요~ 인생이 달라질 거예요

신후지지는 필자처럼 미리 표식을 해두어
도 되고, 가묘를 조성해도 됩니다. 무슨 일이든 급하
게 처리하다 보면 낭패 보기 십상입니다. 가묘를 조성해
두고 2~3년이 지나면 잔디의 생육상태를 확인할 수 있습니
다. 만약 잡풀이 무성하고 이끼 풀이 자라면 그곳은 지하에 물
이 드는 곳이라는 증거입니다. 또 잔디가 웃자라지 않고 주변
보다 황색을 띠고 있다면 그곳은 명당임이 틀림없습니다. 적
어도 부모님 체백을 물에 수장시킬 수는 없는 노릇 아니겠
습니까. 이미 매장한 뒤 그런 증상이 나타나면 정말
대책이 없기 때문입니다.

'사람을 묻을 땅이 아닌 사람을 살리는 땅을 찾아야 한다.'
영화 명당의 한 대사이다.

명당이란 무엇일까? 명당은 운명을 바꿀 수 있는 땅의 기운
이다. 사주는 타고 난 대로 살아가는 것이고, 풍수는 그런 사주
를 뒤엎을 수 있는 것이라고 한다. 명당을 통해 운명을 바꿀 수
있다는 얘기다.

영화 '명당'의 줄거리를 소개하면 이렇다. 땅의 기운을 점쳐
인간의 운명을 바꿀 수 있는 천재지관 박재상(조승우 역)은 명
당을 이용해 나라를 지배하려는 장동 김씨 가문의 계획을 막다

이렇게 해보세요~ 인생이 달라질 거예요

가족을 잃게 된다.

그 후 복수를 꿈꾸는 지관 앞에 세상을 뒤집고 싶은 몰락한 왕족 흥선(지성)이 나타나 장동 김 씨 세력을 몰아낼 것을 제안한다. 흥선은 그 와중에 세도정치를 일삼던 장동 김 씨가 지관을 꼬드겨 차지하려던 2대 천자지지(2대가 왕위에 오른다는)를 손에 넣어 아들(고종)을 왕위에 앉힌다는 내용이다.

조선조 순조. 헌종. 철종에 이르는 권세가들의 세도정치가 극에 달하는 시기를 다뤘다. 복수에 나선 천재지관은 결국 세도를 떨치던 영의정이 죽자 그의 시신을 명당에 모시라고 일러준다. 하지만 그가 알려준 명당은 시신이 도망간다는 도시혈(逃尸穴)이었다. 이런 도시혈에 묘를 쓰면 땅의 기운에 밀려 시신이 다른 곳으로 이동하게 되고 결국에는 시신을 찾을 수 없게 된다.

'풍수비전(風水秘傳)'에도 "도시혈에 묘를 쓰면 유골이 위로 올라가기도 하고 아래로 내려가기도 하며 좌측 또는 우측을 비롯하여 8방으로 이동한다고 했다. 도시혈의 좌향(坐向)에 따라서 유골의 이동방향과 이동 거리가 달라진다. 가깝게는 4척을 이동하고 멀리는 49보 6척(四十九步六尺)까지 이동한다." 라고 했다.

풍수지리(風水地理), 산에게 길을 물어보다

풍수지리학을 모르는 사람들은 이해하기 어려운 현상일 것이다.

하지만 풍수지리학자들과 묘 이장을 업으로 하는 장묘업자들은 묘의 봉분과 유골이 떨어져 제각각 있는 것을 간간이 봐 왔다고 한다.

영화를 보고 나서 마음이 무거웠다. 믿기 어려운 얘기지만 나도 직접 겪었기 때문이다. 몇 해 전 할머니 묘를 이장하기 위해 장묘 업자를 대동하고 파묘를 했다.

하지만 아무리 찾아도 봉분 아래에 할머니 유골은 없었다. 겨울이라 땅이 얼어서 깊이 팔 수 없어서 그럴 거라고 위안하고, 이듬해 봄에 다시 묘 주변을 팠다. 풍수지리를 공부한 나로서도 혹시나 책에서만 보던, 그리고 말로만 듣던 도시혈이 아닐까 싶어서 묘 주변 반경 3미터도 넘게 파 보았다.

"할머니는 원래 이곳에 모셨었는데 다른 곳으로 이장하려다가 거기에 물이 나와서 다시 이곳으로 모셨어. 그리고 두 번째 모실 때는 처음 보다 조금 위로 아주 깊이 모셨다."

순간 아버지가 생전에 할머니 묘 성묘를 갈 때 하셨던 말씀이 떠올랐다. 파묘를 하던 중 작은아버지께 전화를 걸어 그 당시의 얘기를 듣고, 또 이장 작업에 참여하셨던 동네 어른의 말씀도 들어보니 아버지가 해주셨던 말씀과 일치했다. 혹시나 하는 마음에 좀 더 넓고 깊게 땅을 파보았지만, 그 어디에도 할머니 유골은 나타나지 않았다. 우여곡절 끝에 봉분에서 2미터 정도 위쪽에서 아래로 약 3미터도 넘게 파내려 갔을 때 그곳에서 시신을 모셨던 내광을 찾았지만, 그곳에도 할머니 유골은 없었다. 돌아가신 지 50년이 넘었기 때문에 할머니 유골은 흙으로 산화되었을 것이라고 믿고 아쉬움을 달랬다.

할머니 묘는 부모님이 살아계실 때 지관을 하는 친척 어른이 명당이라고 해서 모셨고, 처음 이장을 위해 땅을 팠을 때 하얀 연기가 올라왔다고 했다. 그래서 집안 어른들은 그 자리가 명당이 틀림없다고 철석같이 믿고 있었다. 하지만 집안에 좋지 않은 일이 있을 때마다 점집을 찾아가면 점쟁이는 매번 할머니가 자꾸 나타난다고 하였다. 나는 이해할 수 없었고 굳이 믿으려 하지 않았다. 그러나 내가 배운 풍수지리학적으로 보아도 할머니 묘소는 명당이 아니었다. 그렇게 할머니 묘소 이장을 결심하게 되었다.

이장을 할 때 다른 곳에 모셔둔 증조모님 묘소도 파묘하였는데, 증조모님 유골은 봉분 아래 그대로 있었다. 따라서 명당이기 때문에 세월이 지나 흙으로 산화되었다고 보기는 힘들다. 만약 명당이었다면 유골은 황색을 띠고 그대로 보존되어 있어야

풍수지리(風水地理), 산에게 길을 물어보다

하기 때문이다.

할머니 유골을 찾지 못한 안타까움이 너무나도 컸다. 어떻게든 할머니 유골을 찾겠다고 다짐해 보지만 자신이 없다. 할머니 죄송합니다.

제발 그곳이 시신이 도망간다는 흉지 중의 흉지, 도시혈(逃尸穴)이 아니길 바랄 뿐이다.

매장할 때 경사진 산비탈은 피해야 합니다. 주변 소나무를 잘 살펴볼 필요가 있습니다. 소나무가 기울어져 있는 곳에 무덤을 쓴다면 관도 쓸려 내려갈 수 있습니다. '잘되면 내 탓, 못되면 조상 탓' 하게 될지도 모릅니다. 명당은 묘 명당과 집 명당이 따로 있지 않습니다. 살면서 살기 편한 곳이 죽어서도 편한 곳입니다. 도시에서 집터나 상가를 구할 때는 도로가 앞으로 쭉 뻗어 있으면 좋지 않습니다. 집과 상가에서 볼 때 동서로 도로가 뚫려 있으면서 길목이 만나는 지점이 음양오행으로 맞아야 합니다.

'가족력'은 땅에서 나옵니다

나의 할아버지, 할머니는 일찍 돌아가셨다. 내가 태어나기도 전에 두 분은 돌아가셨으니 할아버지, 할머니가 계신 친구들이 늘 부러웠다. 조부모님의 사랑을 독차지하는 걸 보고 질투도 났다. 그런 아쉬움은 성장할수록 더해졌고, 나중에 결혼하면 내 아이들은 할아버지, 할머니의 사랑을 느끼며 재롱을 부릴 수 있도록 하고 싶었다. 그러나 그것 역시 이룰 수 없는 꿈이 되고 말았다. 아버지는 내가 갓 23살 때 돌아가셨다. 그로부터 고작 13년이 지나 이번에는 엄마마저 나를 세상에 덩그러니 버려두고 떠나셨다. 졸지에 부모 없는 고아가 되고 보니 하늘이 원망스러웠다.

이렇게 해보세요~ 인생이 달라질 거예요

그 뒤로는 세상에 눈을 감아버렸다. 예전에는 할아버지, 할머니 손을 잡고 다니는 애들이 부러웠는데, 이젠 부모님과 함께 다니는 게 부럽게 될 줄이야. 지금도 부모님과 함께 다니는 모습을 보거나 함께 외식하는 모습을 보는 날이면 울적해진다. 목젖 깊은 곳에서 뜨거운 용암이 펌프질하는 듯하다. 남의 집 회갑연이나 칠순 연, 팔순 연에 축의금만 넣어 보내고 가지 않는 것도 이 때문이다.

증조 부모 대(代)부터 내려온 단명의 굴레는 벗어나지 않았다. 도대체 왜? 아버지를 비롯해 모든 조상님이 환갑을 넘기지 못하고 돌아가시는 걸까. 다만 엄마만 환갑을 넘겨 칠순이 되는 해 칠순 잔치를 목전에 두고 세상과 작별했다. 남들 다하는 잔칫상 한 번 못 차려드렸다. 무에 그리 급하다고…. 왜 이런 악순환이 반복되는 걸까? 도대체 왜? 그저 억장이 무너질 따름이었다.

풍수 공부에 접어든 이상 이 문제는 반드시 해결해야겠다고 다짐했다. 그 모든 악순환의 근본 원인이 산에 있다고 믿었다. 조상 대대로 내려오는 유전의 고리를 끊어야겠다는 일념으로 풍수 공부에 매진했다.

엄마가 돌아가신 뒤 내가 심장질환을 앓게 되면서 그 일을 빨리 해결해야겠다고 생각했다. 멀쩡하던 심장이 나빠졌다는 게

풍수지리(風水地理), 산에게 길을 물어보다

믿기지 않았다. 병원에서는 유전의 영향이 크다고 했다. 그도 그럴 것이 엄마 역시 급성 심근경색으로 돌아가셨기 때문이다. 협심증으로 비상 응급약을 항상 품고 다녀야 하는 현실이 너무나 싫다. 엎친 데 덮친 격으로 심장 약 중 혈액을 묽게 해주는 아스피린이 위장에 좋지 않아 가뜩이나 위가 안 좋은 내겐 곤욕이 아닐 수 없다. 내가 위 질환을 겪고 있는 것도, 아버지가 위암으로 돌아가신 영향이 크다. 더는 그대로 두었다가는 내가 화를 입을 수도 있겠다는 우려가 커졌다.

"이러다가 자다가 죽는 거 아닐까?"

밤이 두렵기까지 했다. 한시가 급했다. 급기야 풍수 스승님께 조상님 묘 진단을 간청했다.

그렇게 하여 스승님과 증조할머니 산소에 갔고, 스승님은 묘를 쓰면 안 되는 곳에 모셨다며 혀를 찼다. 한참 동안 산소를 둘러보신 스승님은 그 자리에서 산소를 잘못 써서 일어난 일들에 관해 설명하기 시작했다.

"이 산소를 쓰고 3년 만에 큰아들이 쇠붙이 때문에 돌아가셨을 것이여."

스승님의 말씀이 떨어지기 무섭게 나는 미리 족보 책을 보면

이렇게 해보세요~ 인생이 달라질 거예요

서 깨알같이 적어 온 노트를 펼쳐 확인해 보았다. 순간 매우 놀랐다. 스승님이 예측하신 대로 할아버지는 증조할머니 묘를 쓴지 딱 3년 만에 돌아가셨다. 그것도 6.25 전쟁 때 북한군이 마을로 쳐들어와 당시 주민들과 회의를 하던 할아버지를 끌고 산을 넘어가던 중 끝까지 항거하던 할아버지를 총으로 쏴 죽였다. 사전에 아무런 정보도 드리지 않았는데 어떻게 이런 것까지 구체적으로 알아맞히는지 기겁했다.

그래도 반신반의하면서 스승님과 나는 다시 할아버지 산소로 발길을 옮겼다. 스승님은 할아버지 산소에서도 "이 산소를 쓰고 나서 자손이 위장병을 앓았을 것"이라고 말씀하셨다.

이번에도 스승님의 예측은 적중했다. 할아버지가 돌아가시고 묘를 조성한 뒤로 아버지가 위장병을 얻으셨고, 결국에는 위암으로 세상을 떠나셨다. 산소를 옮겨 다니는 동안 마음은 너무나 무거웠다. 나쁘다는 얘기는 결국 조상님들이 편치 않은 곳에 누워계신다는 얘기니까.

무거운 마음을 애써 달래며 이번에는 엄마 산소로 갔다. 엄마 산소는 나름 기풍수를 하는 지관에게 의뢰해 모셨고, 다른 산소에 비해 햇볕이 잘 들고 잔디가 무성하게 잘 자라는 곳이어서 우리 형제들은 정말 좋은 명당에 모셔져 있는 것으로 생각하고 있었다. 그곳에서도 스승님은 거침없이 말씀을 이어갔다.

풍수지리(風水地理), 산에게 길을 물어보다

"여기도 역시 산소를 쓸 수 없는 자리에 모셔 놓았고, 자손들이 심장병을 앓았을 것인데, 그 생들은 무슨 생 무슨 띠가 영향을 받았을 것이여."

순간 소스라치게 놀라지 않을 수 없었다. 엄마가 돌아가시고 난 뒤 둘째 누나가 갑자기 심장병이 생겼고, 나 또한 취재를 마치고 회사로 복귀하던 중 심장이 너무 아파 응급실로 실려 갔다. 스승님은 누나와 나의 생을 정확히 맞추셨다. 물론 내 나이는 알고 있었기 때문에 맞추셨을지도 모르지만 둘째 누나의 심장병이나 태어난 생은 전혀 알지 못하셨기 때문에 어림짐작으로 말씀하신 것 같지는 않았다. 더 놀라운 사실은 엄마 묘소를 쓰고 난 뒤 심장병에 걸리는 시기까지도 정확히 맞추셨다.

다행스러운 것은 아버지 묘소만이 아주 좋은 명당은 아니더라도 산소를 쓸 수 있는 자리에 잘 모셔져 있다는 것이었다.

"아버지 혼자서 그 나쁜 기운을 막아내시느라 참 많이 힘들었을 겁니다."

스승님 말씀은 좋은 곳에 계신 아버지가 자식들이 잘되도록 돕고 있지만 혼자서 증조할머니, 할아버지, 엄마 산소의 나쁜 기운과 대적하느라고 힘드셨을 거라는 얘기였다.

또한, 아버지 묘를 쓰고 난 뒤 후손들이 어떠어떠한 생들이 태어났을 거라고 말씀하셨는데 그 또한 일치했다. 순간 아버지 말씀을 듣길 참 잘했다는 생각이 들었다. 앞선 글에서 언급했듯이 아버지는 자신의 신후지지를 직접 정하시고 그곳에 묻도록 유언을 남기셨고, 나는 그대로 따랐다. 또 한편으로는 후회가 밀려왔다. 아버지가 남긴 유언 중 하나를 따르지 않았기 때문이다. 엄마가 돌아가시면 아버지 옆에 묻어 달라고 하셨는데 엄마는 싫다고 하셨다. 그래서 엄마의 유언에 따라 다른 곳에 모셨다.

결과적으로는 그 때문에 엄마가 편한 곳에 잠들지 못했다고 생각하니 죄스러운 마음뿐이었다. 그렇다고 엄마의 유언을 따르지 않고 아버지 곁에 모셨다면 마음이 편했을까? 그 또한 편치 않았을 것이다.

스승님과 조상님 묘소를 둘러보고 온 뒤로는 한시도 편하게 잠을 이루지 못했다. 조상님들의 아우성이 귓바퀴를 때렸다.

우리나라 사람들은 햇볕이 잘 드는 남향을

선호하여 무턱대고 묘나 집을 정남향으로 놓는 경우

가 많습니다. 산맥을 용(龍)이라고 하고, 그 용은 뻗어 가

다가 물을 만나면 멈추어 기(氣)를 형성합니다. 기가 응집된

곳이 명당이고, 물에 따라 명당의 향(向)도 정해집니다. 따라서

터와 물의 음양이 어긋나면 재앙이 닥칩니다. 우리 증조할머

니 묘도 같은 경우여서 할아버지가 일찍 돌아가셨습니다. 그

것도 금극목 상충 작용이 일어나 쇠붙이에 의해서 피해를

보셨습니다. 심장은 오행에서 화(火)에 해당하고 화(

火)로 인한 파국을 맞게 되면 건강에 이상이 오

게 됩니다.

좋은 땅 속의 유골을 확인해보면...

　　할머니 유골을 찾지 못한 회한이 깊다. 죄스러운 마음에 온종일 우울했다. 아버지는 세상을 떠나셨지만, 할머니의 혈육이신 작은아버지와 고모님들께 뭐라고 말씀을 드려야 할지 마음이 편치 않았다. 고모님들은 자신의 어머니인 할머니 유골을 찾지 못했다는 소식에 크게 실망하시면서도 "정말 명당이었나 보다"라고 하셨다. 명당이니까 자연으로 돌아갔을 거라는 논리였다. 고모님의 말씀에 나는 정색을 하고 말씀드렸다.

　　"고모! 명당에 모셔진 유골은 그렇게 흔적도 없이 사라질 리가 없어요. 명당의 유골은 아무리 오래되더라도 황골(黃骨:누런색을 띤 유골)이 되거든요."

나는 괜한 짓을 하지 않았다는 걸 말씀드리고 싶었다. 하지만 그 때문에 고모님한테 심려를 끼쳐드린 것 같아 죄송했다.

작은아버지의 제의로 원래 있던 할머니 산소에 봉분을 다시 만들고 나서다. 작은아버지는 제례를 지내고 나서 잘 조성된 봉분을 보시더니 흡족해하셨다. 마음에 위안을 찾은 모습이셨다. 그 모습을 보면서 죄송하면서도 감사한 마음이 들었다. 애초부터 이장하는 게 마음에 안 드셨을 텐데 그래도 장손을 믿고 따라주신 그 마음이 느껴졌다.

"작은아버지요. 할머니 계셨던 곳의 흙을 잘 모아서 할아버지랑 함께 합장해드렸으니까 두 분이 편안히 잘 계실 겁니다. 그러니 마음 편히 가지세요."

"그래 그러마."

산에서 내려오면서 작은아버지는 한결 기분이 좋아 보였다. 무엇이든 마음먹기에 달렸다는 옛말이 실감 나는 순간이었다. 맑게 갠 하늘 위로 두둥실 떠 있는 조각구름이 때마침 반달모양을 하고 있었고, 마치 할머니가 반달에 걸터앉아 흐뭇한 미소로 우리를 내려다보시는 것 같았다.

묘를 쓸 때 장법(葬法)을 소홀히 하면 나
무뿌리가 침투하여 유골을 칭칭 감거나, 쥐나 뱀,
개미 등 벌레가 들고, 물이 들며, 바람이 들어 유골이 검
게 타게 됩니다. 만약 나무뿌리가 유골의 두개골을 휘감을
경우 자손 중에 정신병자가 나옵니다. 어떤 경우는 관재가 생
기기도 하고 재산을 잃을 수 있습니다. 물이 들어 시신이 물에
둥둥 뜨게 되면 자손들은 갖은 병에 시달리고 가정에 우환
이 깃들어 재산을 잃고 익사하거나 수재를 당하기도 합니
다. 또 바람을 맞는 풍렴이 들면 자손이 중풍이나 신
경계통의 병을 앓거나 정신질환으로 고생하
게 됩니다.

조상이 나를 지켜준다고?

아버지는 고작 10살의 나이에 한 가정의 가장이 되었다. 할아버지가 6.25 전쟁 때 북한군의 총탄에 쓰러져 생을 마감하신 그때였다. 한창 부모님께 어리광을 부리며 사랑을 독차지해야 할 때 아버지를 여의고 집안의 가장이 되어 버렸다.

아버지는 5남매의 맏아들이셨다. 할머니 품에 안겨 사랑받고 자라야 할 아버지는 학업을 중단하고 가업에 뛰어들었다. 가업이라야 농사가 전부였다. 집 앞 과수원이 약 1만여 평에 달할 정도로 커서 새벽부터 밭에 나가면 해가 뉘엿뉘엿 넘어가서야 마당으로 들어올 수 있었다. 자그마한 체구에 그 많은 농사일을 억척같이 해내셨다. 어쩌면 작은 체구는 하루가 멀다 않고 짊어진

이렇게 해보세요~ 인생이 달라질 거예요

무거운 지게 때문이었을 것이다. 한 참 성장해야 할 나이에 꽁보리밥을 드시고, 그 무거운 지게를 매일 짊어지셨으니 작은 키는 어쩌면 당연했다. 아버지는 정말 누가 보아도 다부지게 생기셨다. 세월의 무게가 아버지에게 그대로 내려앉은 듯했다.

아버지의 학력은 없다. 10살에 가장이 되셔서 국민학교도 못 나왔다. 그래서 나는 학교 다닐 때 새 학기가 되면 으레 하는 호구 조사가 너무나 싫었다. 없는 것 천지여서 있는 걸 살필 필요가 없었고, 부모님 학력을 적는 건 더 싫었다. 싫은 게 아니라 창피했다. 그래서 아버지 몰래 학력에 '국졸'이라고 적었다. '국졸'이라고는 해두는 게 조금 덜 창피할 것 같아서였다. 뭐가 창피한지 몰랐던 어렸을 적 내가 싫다. 그랬던 내가 더 창피하다.

아버지는 소위 가방끈은 짧았지만 그렇다고 무식하지는 않았다. 어렸을 적부터 천자문을 독학으로 공부하셨고, 한학도 습득하셔서 모르는 게 없었다. 한자를 모르는 게 없으셔서 신문도 술술 읽어 내렸다. 배웠다는 나는 한문이 뒤섞여 있는 신문조차 읽어 내리지 못했기 때문에 그런 아버지의 모습이 신기했다. 아직도 식구들이 잠자리에 들면 호롱불 아래서 책을 읽으시던 아버지의 모습이 눈에 선하다. 할아버지가 오래 사시면서 아버지를 잘 가르쳤다면 어쩌면 훌륭한 사람이 되었을지도 모른다.

말(馬)은 제주도로 보내고, 사람은 한양으로 보내라고 했다.

풍수지리(風水地理), 산에게 길을 물어보다

아버지도 그랬다. 내가 초등학교 4학년 때 아버지는 모든 전답을 처분해서 도시로 나갔다. 나 때문이었다. 그 역시 그때는 몰랐다. 도시로 나와 가슴팍에 손수건을 달고 등교할 때 교문 앞에 학생들이 구름처럼 몰려드는 걸 보고 놀랐다. 학생이 너무 많아 교실에 다 수용할 수 없어서 오전반 오후반이 있던 시기였다. 시골에서 책보 메고 동네 꼬맹이들과 어깨동무하면서 다니던 촌놈은 모든 게 낯설었다.

아버지는 도시로 나와 술장사를 하셨다. 농사만 짓던 아버지가 도시에서 할 수 있는 일을 찾기란 쉽지 않았을 것이다. 남한테 싫은 소리 한마디 못하고 인심 좋기로 소문난 아버지의 장사가 잘 될 리는 없었다. 외상은 쌓여만 갔고, 엄마 아버지의 싸움도 잦았다. 술장사는 얼마 못가 거덜 났고, 아버지는 건축현장 막노동으로 식솔들을 뒷바라지하셨다.

그때부터 아버지 손에서는 망치와 못, 스패너, 톱 같은 연장이 떠날 날 없었고, 아버지의 엄지손톱은 언제나 피멍이 들어있었다. 그런 연장들은 늘 상 아버지 허리춤에 채워져 있었다. 마치 서부영화에 나오는 총잡이처럼. 흙먼지를 뒤집어쓴 아버지의 그런 모습이 낯설고 안쓰러워 울먹이다가도 아버지가 풀어놓은 연장 띠를 허리춤에 차고 총잡이 흉내를 내기도 했다. 엄마도 마늘창고에서 손이 부르트도록 마늘을 깠다. 내 평생 기억하기 싫은 장면 중 하나다. 글을 쓰고 있는 지금도 가슴이 먹먹하고 눈시울이 붉어져 온다.

도시 생활이 힘에 부치던 아버지는 다시 가족을 남겨두고 시골로 혼자 떠나셨다. 전답을 다 팔고 왔기 때문에 남의 땅을 빌려 농사를 지셨다. 시골의 번듯한 집도 못 구하신 아버지는 처음 폐가 같은 곳에서 생활하시다가 다시 어느 촌 동네 마을 초입에 있는 헌 집을 구해 사셨다. 그로부터 얼마 뒤 엄마도 아버지를 따라 시골로 가셨다. 한 번씩 방학 때면 내려간 시골에서 마주 보는 부모님은 그나마 좀 편안해 보이셨다. 술과 담배에 찌들어 사시던 모습이 아니었다. 군불이 들어오는 아랫목에서 도란도란 이야기꽃을 피우던 모습은 그나마 아름다운 추억으로 남아서 다행이다.

시골과 도시를 오가며 참으로 힘겹게 살아오신 아버지께 위기가 닥쳤다. 평소에도 속이 쓰려서 위산 억제제 '노루모산'을 자주 드시던 아버지는 위암 4기 판정을 받으셨다. 그야말로 청천벽력이 아닐 수 없었다. 우리 모두의 기둥이셨는데, 그렇게 강건하시던 아버지는 날이 갈수록 야위어졌고, 뼈만 앙상하게 드러났다. 위 대부분을 드러낸 아버지는 거의 미음만 드실 수 있었다.

병마와 싸우던 중 실오라기라도 잡고 싶은 소망이 엄마를 점

풍수지리(風水地理), 산에게 길을 물어보다

집으로 이끌었다. 점집 무당은 점을 치더니 할머니가 자꾸 나온다고 했다. 할머니의 원혼이 아버지를 데려가려고 한다고 했다. 집안에 우환이 깃들 때면 점집을 찾았었고, 그때마다 돌아가신 조상님들 중에 할머니는 단골처럼 나왔다. 그때까지만 해도 나는 왜 할머니가 자꾸만 나타나시는 걸까 궁금하기 짝이 없었다. 그러나 아버지가 편찮으시자 궁금증은 원망으로 바뀌었다. 왜 아버지를 못살게 구시는지 이해가 되지 않았다. 지푸라기라도 잡고 싶은 우리 가족에게 점쟁이는 말도 안 되는 처방을 내렸다. 할머니 산소의 흙을 떠다가 끓인 뒤 달여서 아버지께 먹이라고 했다. 말도 안 되는 소리에 기가 막혔지만, 아버지를 어떻게든 살려야 한다는 절박함이 더 컸다.

할머니 산소에 가서 흙을 떠 오는 일은 장남이 하는 게 좋겠다는 생각에 내가 자처했다. 말도 안 되는 귀신 씨 나락 까먹는 점쟁이 소리에 이런 일까지 해야 하나 싶어서 주저주저하다가 좀 늦은 시간에 시골로 향했다.

할머니 산소에 갈 때 누구의 눈에도 띄면 안 된다는 점쟁이 소리에 마을로 들어가지 못하고 산길만 헤매며 돌아가야 했다. 너무 늦게 도착해서 이미 해가 지기 시작할 무렵이었다. 마을을 돌아 깊은 산 속으로 접어드니 등골이 오싹해졌다. 풀벌레 소리와 바람에 나부끼는 나뭇잎 소리며 나뭇가지 밟히는 소리, 가지가 부딪히는 소리, 심지어 내 옷이 스치는 소리 등등 산속의 모든 소리가 귓등을 파고들었다. 머리털은 곤추섰다.

어렵게 할머니 산소에 도착한 나는 급하게 할머니께 인사를 드리고 준비해간 삽으로 할머니 산소 옆 부분 흙을 조금 파서 비닐에 담았다. "제발 우리 아버지 좀 살려 주이소." 그리고는 한 번 더 할머니께 절을 올렸다. 이미 해가 넘어가 산에는 어둠이 드리워졌다. 금방이라도 산짐승이 들이닥칠 것 같고, 바람에 바스락거리는 소리는 사정없이 나를 공격했다. 모든 신진대사가 멈춰버린 듯 온몸이 경직됐지만 두 발은 빠르게 움직였다. 손에는 가시가 박히고 허벅지는 무언가에 찔려 따끔거렸다. 혼비백산하여 마을 입구에 다다르고 나서야 한숨을 돌렸다. 고개를 들어 할머니가 계신 산등성이를 바라보니 칠 흙 같은 어둠이 할머니 산소를 뒤덮어 어디가 어딘지 분간이 어려웠다. 혼자서 그곳까지 어떻게 갔다 왔는지 믿기지 않았다.

간신히 집에 도착하자마자 엄마는 비닐에 담긴 흙을 냄비에 풀어 끓이기 시작했다. 그리고는 다시 그릇에 옮겨 담아 흙이 가라앉을 때를 기다려 물만 떴다. 엄숙한 제례 의식이 치러지는 듯했다. 여전히 나는 말도 안 되는 걸 주문한 점쟁이가 미웠다. 또 그걸 그대로 따르는 가족들도 이해할 수 없었다. 하지만 가족 모두에겐 그 턱도 없는 비책이 마지막 희망이었다.

풍수지리(風水地理), 산에게 길을 물어보다

방에 계시던 아버지는 마치 기다렸다는 듯 그릇을 받아들었고, 잠시 멈칫하시더니 그 물을 마셨다. 아버지가 제정신이 아닌 것처럼 보였다. 그런 아버지의 모습이 너무나 처연했다. 쩌렁쩌렁 강건하시던 아버지가 아니셨다. 귀신에 홀린 것처럼 아버지는 동공의 힘이 풀린 채 의식 없이 물을 들이켰다. 효험은 없었다. 그로부터 얼마 지나지 않아 아버지는 우리를 남겨 놓고 세상을 떠나셨다. 분명히 할머니께로 가셨을 것이다. 아버지는 할머니께 어떤 말을 하셨을까? 또 할머니는 아버지께 무어라 인사를 건넸을까?

할머니 유골을 못 찾고 보니 집안에 우환이 있을 때마다 할머니가 점쟁이로 빙의해 나타나는 건 아닐까. 할머니와 아버지만 생각하면 마음 깊은 곳이 아려온다.

"할머니 부디 편히 잠드시고, 불쌍한 우리 아버지 잘 좀 돌봐 주이소."

풍수의 가장 근본적인 목적은 조상님이 편안히 영
면에 드셔서 地氣의 영험함이 자손에게 영향을 끼쳐 자손
들이 훌륭한 인물로 성장해 주길 바라는 마음에서 비롯됩니
다. 많은 사람은 용과 혈에만 심취하여 높은 산만 찾아다닙니
다. 바람은 해롭고, 물은 이롭습니다. 땅의 마음은 조상님들과
다르니 그것이 문제입니다. 그러니 무턱대고 승용차가 들어
갈 수 있고, 양지바른 곳에 조상님을 모시는 것은 조상을
위한 것도, 자손을 위한 것도 아닙니다.

꿈에 돌아가신 분이 자꾸 보인다면?

조상님 묘소 진단을 하고 나서 지난 일들이 주마등처럼 펼쳐졌다. 엄마가 급성 심근경색으로 갑자기 돌아가시는 바람에 장례를 치르는 일이 여간 힘에 부친 게 아니었다. 아버지처럼 신후지지를 미리 정해 놓은 게 아니어서 모든 상황이 당혹스러웠다. 슬퍼할 겨를도 없었다. 우여곡절 끝에 햇볕이 잘 드는 양지바른 곳에 엄마를 모시게 되었고, 모두 지기가 좋다며 명당에 잘 모셨다고 했다. 다른 산소와 달리 잔디도 참 잘 자라서 묘 관리하기가 편했다. 잔디가 예쁘게 잘 자라서 마치 효도한 것처럼 뿌듯하기까지 했다.

문제는 엄마를 모시고 나서 얼마 되지 않아 자꾸만 악몽을 꾸

이렇게 해보세요~ 인생이 달라질 거예요

면서 심기가 불편해졌다. 하루가 멀다 않고 가위에 눌리는 일이 허다했다. 잘 때는 내 몸이 아니었다. 분명 내 몸인데 내가 통제할 수 없었다. 그 무렵 우리 6남매 중 둘째 누나도 나와 같이 매일 밤 악몽에 시달린다고 했다. 그 악몽 중 상당수는 엄마 꿈이었다. 엄마는 남루한 옷을 입고 나타나서 자꾸만 춥다고 오들오들 떨었다. 이해할 수 없었다. 분명 양지바른 곳에 멋지게 잘 모셨는데 왜 자꾸 꿈에 나타나서 무언가 하소연하는 메시지를 보내는지 알 수 없었다.

형제들과 명절에 모여 이런 저런 얘기를 하다가 때마침 엄마 얘기가 나오자 둘째 누나와 내가 이구동성으로 같은 증상을 내뱉게 되자 분명 산소에 무슨 문제가 있는 게 아닌가 하는 의구심이 들었다.

결국, 우리형제는 엄마의 49재를 모셨던 절 주지 스님께 부탁해서 천도 제를 지내기로 했다. 스님은 흔쾌히 청을 들어주셨고, 스님을 모시고 엄마 산소에 가서 제사상을 푸짐히 차려 놓고 천도 제를 지냈다. 그리고 말끔한 옷도 새로 사서 태워드렸다. 천도 제를 지내서였는지 그 뒤로 한참 동안 엄마는 꿈에 나타나지 않았다. 엄마 장례를 지낼 때 무당들이 흔히 말하는 어떤 살(殺)이 껴서 그런가 보다 했다. 하지만 평온은 그리 오래가지 않았다. 예전처럼 자주 나타나지는 않았지만, 간헐적으로 엄마는 꿈에 계속 나타났다. 모습도 천도 제를 지내기 전과 같았다.

풍수지리(風水地理), 산에게 길을 물어보다

스승님과 조상님 묘를 진단하고 나서야 그 의문이 풀리는 듯했다. 묘가 잘못된 게 틀림없다는 확신이 들면서 이장하기로 했다. 다행히 형제들이 모두 동의해줘서 이장은 일사천리로 진행됐다.

드디어 이장하는 날. 굴착기가 굉음을 내며 산소를 파 내려갈 때까지 나는 괜한 짓을 하는 건 아닐까 싶어 그만둘까 수없이 고민했다. 스승님의 말씀만 믿고 별 탈 없이 잘 계신 엄마에게 잘못하는 건 아닌지 불안과 염려가 엄습해왔다. 그렇게 고민이 거듭되는 사이 굴착기는 이미 산소 봉분을 헐어버렸다. 되돌리기에는 늦어버렸다는 생각이 들자 체념이 빨랐다. 그리고 굴착기의 끝을 주시했다. 산소를 파헤치던 굴착기의 끝에 둔탁한 소리가 났고, 우리는 그것이 관 뚜껑임을 직감했다.

관은 하나도 썩지 않고 그대로 있었다. 나는 아래로 급히 뛰어들었다. 내 눈으로 직접 확인하고 싶었다. 다행히 땅속에 물이 찼을 거라는 스승님의 예측은 빗나갔다. 가장 걱정했던 게 사라지는 순간이었다. 그러나 안도의 한숨은 그때 뿐이었다. 관 뚜껑이 열리고 엄마의 체백을 확인한 나는 그 자리에 주저앉을 정도로 충격에 휩싸였다. 정말로 억장이 무너져 내렸다. 엄마의 시신은 불에 탄 듯 새까맣게 그을려 있었다. 관 속에서 엄마를 꺼내는데 겨울이라 그런지 딱딱하게 얼어있었다. 순간 심한 한기가 느껴져 어깨가 오싹해졌다. 새까맣게 타버린 수의를 뜯어내자 엄마의 육신이 드러났다.

"엄마! 엄마 미안해. 이를 어떡해~ 엄마 미안해."

'이런 이런…'

그저 말문이 막힐 뿐이었다. 돌아가신 지 10년이 넘어서 이미 육탈(肉脫:살이 썩어서 뼈만 남은 상태)이 되었을 거라는 예상과 달리 엄마의 육신은 생전 그대로였다. 마치 미라처럼. 머리카락이며, 손톱 발톱, 치아, 심지어 멍 자국까지 생전 모습 그대로였다.

"엄마. 이 불효자를 용서해 주세요."

그제 서야 엄마가 돌아가시고 땅에 묻힌 뒤 그토록 악몽에 시달린 이유를 알게 됐다. 또 왜 꿈에 남루한 복장을 하고 나타나 자꾸만 춥다고 했는지 알고 나니 깊은 한숨에 목이 조여 오는 것 같았다. 그렇게 나쁜 흉 지에 엄마를 10년이나 방치해 놨다고 생각하니 죄스러운 마음에 가슴을 움켜잡고 울었다. 정신 놓고 울고 있자니 동생들과 산역을 하던 사람들이 나를 진정시켰다. 하관 시간을 맞추기 위해서는 서둘러야 했기 때문이다. 우리는 서둘러 이장할 곳으로 이동했고, 어렵사리 하관 시간에 맞춰 이장했다.

엄마가 새로 이사 간 곳은 토질도 좋고 바람도 들지 않아서 온화했다. 이번에는 정말 좋은 곳에 모셨기를 바라는 마음에 마음을 졸이고 있을 무렵 둘째 누나로부터 좋은 얘기를 들었다.

엄마를 이장하고 얼마 지나지 않아 엄마가 꿈에 나타나셨다고 했다.

"엄마가 꿈에서 이제 좋은 곳으로 가니까 잘 있으라고 하시더라."

누나 얘기를 듣고 나니 마음에 평온이 찾아왔다. 그리고 얼마 뒤 둘째 누나는 예정된 심장 수술을 받았고, 수술은 성공적으로 끝났다. 가슴을 열고 한 큰 수술이어서 모두가 긴장하면서 지켜봤다. 수술이 잘 돼서 회복될 때까지 시간이 조금 걸리기는 했지만, 누나는 병원으로부터 많이 좋아져서 약을 줄여도 된다는 얘기를 듣고 기뻐했다.

나 또한 엄마를 이장하고 나서부터 증상이 호전되어 약 먹는 횟수를 줄였다. 그뿐만이 아니다. 엄마는 이장한 뒤로 내 꿈에 단 한 번도 나타나지 않으셨다.

엄마가 사무치게 그리울 때 한 번씩 꿈에서라도 볼 수 있어서 좋았기도 했지만 아프고 남루한 모습으로 추위에 오들오들 떨던 엄마는 보고 싶지 않았다. 엄마는 분명 내가 꼴도 보기 싫어서 나타나지 않는 게 아니라 좋은 곳으로 가셔서 행복하게 사시느라고 나를 잊은 게 틀림없을 거다.

괜찮다. 엄마의 행복이 그곳에 있다면.

풍수지리(風水地理), 산에게 길을 물어보다

　　　살다 보면 필자처럼 조상의 묘를 이장하게 될 경우
가 생깁니다. 묘를 이장할 때는 장법(葬法:죽은 사람을 땅
에 묻거나 화장하여 장사를 지내는 예법)을 따라야 합니다.
장법도 다양하지만 그중에 한 가지를 소개하고자 합니다. 우선
좌살(坐殺)을 피해야 합니다. 즉, 매년 산소를 건드리면 안 되
는 좌향이 있는데, 인오술년은 임자계좌, 해묘미년은 경유신
좌, 신자진년은 병오정좌, 사유축년은 갑묘을좌의 묘를 건
드리면 살(殺)을 맞을 수 있습니다.

선행은 다음 세대로 이어집니다

　동생이 결혼하고 신혼의 단꿈에 빠져 있을 때쯤 우리 조상님들의 묘소 이장 작업이 끝났다. 이장이 끝나고 조상의 음덕을 받고 태어날 자손이 누구일까 궁금했지만 기댈 수 있는 사람은 막냇동생 뿐이었다. 나와 다른 형제들은 이미 나이가 많아 아이를 또 낳을 상황이 아니었기 때문이다. 그러던 차에 제수씨가 아기를 가졌다. 산의 음덕을 제대로 받고 태어날 아기였다. 아기는 엄마 뱃속에서 무럭무럭 성장하여 어느덧 출산일이 가까워졌다. 출산일이 가까워지면서 나의 고민이 깊어졌다. 사주를 믿는 나로서는 조카가 좋은 날 좋은 시에 태어나길 바랐다. 다행히 출산예정일 근처로 아주 괜찮은 날이 있었다. 과연 우리와는 다른 혈손이 태어날 수 있을까?

풍수지리(風水地理), 산에게 길을 물어보다

마음에 조바심이 발동한 나는 동생에게 좋은 날 좋은 시를 정해서 제왕절개 하라고 했고, 동생도 내 뜻에 따르기로 했다. 하지만 제수씨가 반대해서 제왕절개는 물 건너갔다. 어쩔 수 없이 하늘과 조상님께 맡기는 수밖에 없었다. 출산예정일을 전후로 좋은 날 좋은 시는 딱 하루밖에 없었다. 시간이 갈수록 애간장이 탔다. 만약에 그 좋은 날 태어나지 않으면 어쩌나 하는 안타까움이 날이 갈수록 더했다.

그와 더불어 가장 안 좋은 날은 꼭 피하기를 바랐는데 기어코 그날이 되었다. 동생은 출산기가 있다고 전해왔다. 하루 종일 좌불안석이었다. 아는 게 병이 되고 있었다. 미리 동생에게 아기를 낳거든 연락하고, 낳지 않았으면 절대로 연락도 문자도 하지 말라고 했다. 멀리 있는 내가 그렇게도 마음 졸이고 있었는데 곁에서 그 내용을 알고 있는 동생은 얼마나 더 애가 탔을까. 그날은 다행히 동생에게서 아무런 연락이 없었다.

드디어 길일이 왔다. 아침부터 동생에게서 문자가 왔다. 병원으로 가고 있다고 했다. 마음이 또다시 콩닥콩닥 뛰었다. 이제 남은 건 시간. 과연 그 시간에 태어날 수 있을까. 출근을 했지만 일이 손에 잡히지 않았다. 시계만 계속 뚫어지라 쳐다봤다. 째깍째깍! 째깍째깍! 시곗바늘은 한 치의 오차도 없이 일정하게 넘어갔고 심장은 쫀득쫀득해져 갔다. 과연 조상님의 음덕이 태어날 조카에게 미칠 수 있을까. 마음을 졸이는 사이 그때가 되었다.

이제는 동생에게서 연락이 오기를 기다려야 한다. 얼마나 기다렸을까. 졸인 마음이 굳어갈 때쯤 동생에게서 연락이 왔다.

"형, 아기 나왔어!"
"진짜가? 조상님 감사합니다. 하느님 감사합니다. 동생아 축하한다."

조카는 정확히 그날 그 시간에 태어났다. 제왕절개가 아닌 자연분만으로 순산했다. 우리 6남매와 달리 전혀 다른, 참 좋은 운을 타고 태어났다. 조상의 음덕이 아니고서야 딱 하루밖에 없는 그날 그 시간에 정확히 태어날 수 없었을 텐데. 산의 영험함을 받은 혈손이다.

내친김에 조카 이름까지 내가 지어주었다. 사주에 맞게 지어준 이름이 지금도 입에 착착 감긴다. 이제 앞으로 어떻게 성장해 나갈지 주목해 볼 일이다. 나와 바로 밑 동생, 누나들이 모두 아기를 키우는 동안 제 조카들을 보고도 늘 데면데면하던 막내가 제 새끼는 물고 빨고 난리법석이다. 참 신기하다.

주산(묘 뒤에 있는 산봉우리)의 성상(모양)
에 따라 후손의 얼굴도 닮는다고 스승님은 말씀하셨
습니다. 조상의 묘가 용 형상인 후손의 얼굴은 용을 닮았
고, 연소형(제비)의 후손은 제비를 닮습니다. 산봉우리는 하
늘의 성(星)과 같다고 하셨습니다. 하늘의 별이 떨어져 지상
의 봉우리가 되고, 봉우리는 묘와 상생이 되어야 합니다. 묘에
서 바로 앞에 보이는 안산(案山)은 항상 바르게 되어 있어야
합니다. 안산이 삐뚤어지면 발응이 다른 곳으로 가게 됩니
다. 또 반목과 질시가 나타납니다. 특히 안산이 높으
면 하극상이 일어나 자손이 말을 안 듣고 자
꾸 대들게 됩니다.

땅, 운, 그리고 인연의 비밀 커넥션

땅은 거짓말하지 않는다. 땅은 바르다. 무슨 얘기를 하려고 알아듣지도 못할 소리를 하는가 싶겠지만, 땅의 조화에 대해 말해보고자 한다.

"동생아 우리는 왜 이렇게 사는 걸까?"

막내 누나다. 무슨 내막인지 들어보니 대충이랬다. 몇 해 전의 일인데 그 무렵 누나와 자형이 툭하면 싸우고, 집에서든 나가서든 자꾸 사고를 당한다고 했다. 자형은 한옥에서 지붕 수리를 하려고 사다리를 타고 올라갔다가 떨어져서 다리가 부러졌다고 했다. 그뿐만이 아니다. 또 어느 날에는 자전거를 타고 가다가 내리막길에서 브레이크가 말을 듣지 않아 마주 오던 할머니랑 부딪혀 크게 다쳤다고 했다. 물론 마주 오던 할머니도 자전거를 타고 있었다. 큰 사고는 대충 그러했고, 그밖에 자잘한 사고들이 연이어 터져서 불안하다는 것이다. 누나도 예외는 아니었다. 누나도 그로부터 한 달 뒤 정말 큰일을 당할 뻔했다고 한다.

더위가 기승을 부리던 8월 어느 날 누나는 친구들과 계곡에 놀러 갔다. 삼복더위에 심산유곡에서 흘러나온 계곡 물의 유혹을 뿌리치지 못하고 뛰어들었다가 물에 수장될 뻔했다는 것이다. 누나는 아직도 그날을 생생히 기억한다. 저승 문턱까지 갔다온 날이어서 잊히지 않는다고 했다.

우선 두 사람의 그 날 운을 살펴봤다. 자형은 일진이 충(冲)이 일어나는 날이었고, 누나는 천간이 충이고 지지는 물이 고장을 이루어 범람하는 날이었다. 두 사람 다 사주 영향에서 크게 벗어나지 않았다. 고심 끝에 이번에는 누나가 사는 집을 둘러봤다. 한옥은 정남향으로 햇볕이 잘 들게 지어졌다. 하지만 양택(사람이 사는 집)에서 가장 중요한 것은 대문의 방향이다. 양택을 짓는 데 있어서 중요한 몇 가지를 살펴봤는데 집의 위치와 방향은 좋았지만, 대문이 나쁜 방향에 세워져 있었다.

풍수지리에서 산(山)의 모양을 하늘 위의 구성(九星: 탐랑성,

거문성, 녹존성, 문곡성, 염정성, 무곡성, 파군성, 좌보성, 우필성을 일컫는 말)에 비유하는데 누나 집 대문은 파군성 방위에 놓여있었다. 파군성은 구성 가운데 일곱 번째 별로 칼 모양이고 그 칼끝이 가리키는 방위에서 일하면 불길하다고 한다. 따라서 매일 다투고 사고를 유발하는 근원이 된다. 집안 곳곳을 진단하고 나서 누나네 집 대문을 길방(吉方)인 거문성 방향으로 옮기라고 했다. 하지만 그곳엔 꽤 비싼 반송(盤松. 키가 작고 옆으로 퍼진 소나무)이 자리하고 있어서 누나 네는 안 된다며 손사래를 쳤다. 나는 소나무를 옮기든 말든 방법은 그것 밖에 없다고 단호하게 얘기했다.

옆집과도 담장 없이 낮은 턱을 두고 한쪽 부분을 헐어 넘나들고 있었고, 그 역시 그다지 좋지 않은 방향이어서 웬만하면 막거나 다른 곳으로 옮기라고 권했지만 큰 화가 닥칠 것 같지는 않아서 마음 내키는 대로 하라고 했다.

그로부터 얼마 뒤였다.

"여보세요. 네가 시키는 대로 나무를 뽑아서 옮겼고, 대문도 옮겼다."

"응. 잘했어 누나. 이제 별 탈 없을 거야. 지켜보자고."

그날 이후로 누나와 자형은 집에서나 밖에서나 다칠 일이 없었다고 한다.

참 다행스러운 일이다.

풍수지리에 대한 믿음이 생긴 누나와 자형이 이번엔 조상님 산소를 봐 달라고 부탁했다. 물론 누나는 나에 대한 신뢰보다는 스승님에 대한 믿음이 컸다. 어쩔 수 없이 스승님께 다시 부탁을 했고, 스승님은 흔쾌히 허락하셨다. 풍수 공부에 대한 갈증이 많았던 나는 누나보다도 더 성미가 급해졌다. 부탁을 받고 묘소 간산을 나가기까지는 그리 오래 걸리지 않았다.

가장 먼저 도착한 곳은 누나 시부모님 산소. 내게는 사돈어른이 되시는 분이다. 사돈어른께서도 내 아버지 장례 때 산역을 도와주셨기 때문에 은혜를 갚는다는 마음이 들어 좋았다. 사돈어른 산소는 누나 시댁 바로 옆 밭에 쌍분으로 모셔져 있었다. 집 옆에 계시니까 산소 돌보기는 좋아 보였다. 예상대로 산소는 아주 정성껏 관리되고 있었다. 그러나 좌 향(방향)도 잘못돼 있었고, 물이 나는 자리에 모셔져 있는 것으로 보였다.

"여기는 원래부터 물이 났을 텐데요?"

"네. 원래 물이 나는 곳이어서 복토를 한 다음 묘를 썼습니다."

"땅을 파보면 알겠지만 아무리 복토를 한다고 해도 물이 났던 곳은 변하지 않는 법이여."

놀라운 것은 누나와 자형에게 잦은 사고가 발생한 것도, 또 특정한 날에 일어난 것도 사돈어른 산소가 잘못돼서 영향을 주었다는 말씀이셨다. 게다가 사는 양택의 대문도 파군성에 자리 잡고 있었으니 해로운 일이 배가되었을 거라고 설명하셨다. 사돈어른 묘소를 둘러본 뒤 다시 누나 시조부모님 묘소로 갔다. 시조부모 묘소는 집에서 한 참 떨어진 산기슭에 자리하고 있었다. 다행스럽게도 시조부모님 묘소는 쓸 수 있는 자리에 잘 모셔져 있었다.

"이 산소로 인해서 나쁜 일은 생기지 않을 것이여, 괜찮아, 그대로 두어도."

스승님의 말씀에 나와 누나 네는 안도했다. 사돈어른 묘소가 나쁘다는 말을 들은 누나와 자형은 그때부터 고민이 깊어지더니 이장하기로 했다. 스승님과 나는 선산을 돌아다니며 자리를 찾아 나섰다. 한참을 찾은 끝에 정말 길지를 발견했다. 이후 이장 작업은 빠르게 진행됐다. 먼저 사돈어른 묘소를 파묘했다. 겉모습과 달리 봉분을 제거하고 나니 땅속은 질펀하고 흙은 검게 그을려 있었다. 관을 뜯어내고 나니 사돈어른의 유골 또한 습기가 가득한 채 검게 변해 있었다. 아마도 조금 더 방치했더라면 스승님 말씀대로 물에 잠겨 있었을 것이었다.

누나와 자형은 스승님과 함께 이장할 곳의 토지 정지 작업을 위해 선발대로 먼저 가 있었다. 유골을 수습해서 산역하는 사람들과 이장지에 도착하니 벌써 내광 작업이 끝나 있었다. 스승님과 나는 산맥을 타고 오는 룡의 기운과 물이 들어오고 만나는 곳 등을 면밀히 살피며 혈처를 점검하고 또 점검했다. 청룡과 백호도 유순하게 뻗어 내려와 혈처를 잘 감싸고 있었고, 안산(案山)이 바로 앞에 있는 데다가 귀사(貴砂)가 즐비하여 인물이 연출할 부귀겸전의 명당이었다. 그날 사돈어른의 이장 작업도 무사히 잘 끝났고, 며칠 뒤 자형에게서 전화가 왔다.

"처남 고맙네. 처남 덕분에 큰일을 무사히 잘 치를 수 있었어. 그리고 그날 밤 꿈에 부모님이 나타나서 좋은 곳으로 간다고 인사하고 가셨어. 효도할 수 있게 해줘서 정말 고마워."

이장을 하고 난 뒤로 누나와 자형은 주말이나 쉬는 날에는 묘소를 찾아 자주 인사를 드린다고 했다.

"누나! 거기 산소 앞에서 보면 조금 왼쪽에 잘 생긴 봉우리가 있을 거야. 그 봉우리가 막내아들 잘되게 도와줄 거야."

나는 스승님께 배운 대로 일러주었다.

그 봉우리는 잘생긴 문필 봉인데다 막내아들의 생시와 같은 방위에 있어서 발 복을 돕기 때문이다. 그 무렵 조카는 몇 해째 공무원 시험에 응시했는데 계속 낙방 하고 있었다. 그로부터 수 개월이 지났을 무렵 누나에게서 전화가 왔다.

"여보세요. 어 누나 웬일이야?"
"야야 막내가 시험에 합격했어. 공무원 시험에 붙었다고."
"우와. 축하해 누나!"
"이게 다 네 덕분이다. 정말 고맙데이."

누나는 수화기가 쩌렁쩌렁하도록 외치며 좋아서 깨춤을 추는 것 같았다. 누나의 성정 상 얌전히 있을 수 없는 걸 알기 때문이다. 나는 내친김에 한마디 더 일러두었다.

"누나야 그게 다가 아니다. 이제 며느리도 좋은 며느리가 들어올 거니까 잘 지켜봐라."
누나의 금쪽같은 막내아들은 공무원에 임용되어 공직자로서의 첫발을 딛고 열심히 근무하고 있었다. 잊고 지낼 즈음 누나가 카카오톡으로 메시지를 보냈다. 카톡에는 누군가의 생년월일이 적혀 있었다.

풍수지리(風水地理), 산에게 길을 물어보다

"누나. 이게 뭐고?"

"우리 막내가 사귀는 여자 친구다. 궁합 좀 봐주라."

이미 누나는 가정의 중요한 이슈가 있을 때마다 나와 모든 걸 상의하고 있었다.

"우와 대박! 누나야 정말 끝내주는 사람이 들어왔네. 궁합이 너무 좋다. 무조건 결혼시켜라."

예상했던 대로 정말 귀한 며느리가 들어오게 되었고, 혼사는 빠르게 진행되더니 두 사람은 곧 백년가약을 맺었다. 이 모든 게 땅의 조화가 화려하게 꽃피우고 있다는 증거다. 이장한 시부모의 묘소 바로 앞에 물이 모여 있으므로 발복이 빠를 것이라고 예상했지만 그렇게 빠르게 발복 되는 걸 보니 분명 명혈에 모셔져 있는 것이 확실해졌다. 이제는 땅의 기운을 제대로 받아서 어떤 자손이 태어날지 두고 볼 일이다. 그 자손이야말로 정말 화려한 운을 안고 태어날 것이기 때문이다. 땅은 속이지 않는다. 뿌린 대로 거두는 게 땅이다.

묘 터나 집터에서 가장 중요한 것은 구성(九星) 가운데 무곡성, 탐랑성, 거문성 방위에 멋진 봉우리가 있거나 물이 드나드는 게 좋습니다. 특히 집에서는 그 방위에 대문을 세우거나 침실, 주방, 공부방을 배치하면 좋습니다. 무곡성은 부(富)를 상징하고, 탐랑성은 인물을 배출하며, 거문성은 부귀 겸전하는 길한 성(星)입니다. 따라서 아이들 공부방은 탐랑 방위에 배치하면 좋습니다.

땅의 기운, 네버 다이

산세는 바람과 물의 순환통로가 된다. 풍수에서는 장풍득수(藏風得水)가 중요하다. 바람을 막고 물을 얻는다는 뜻이다. 왜 바람을 갈무리하고 물을 얻어야 하는 걸까?

음양(陰陽)의 기(氣)는 만물을 구성하는 근원지로서 모이면 형체를 이루지만 흩어지면 형체가 없다. 이 무형의 기는 바람이 되고, 구름이 되며, 비가 되고 땅속을 돌아 생기가 된다. 산을 포함한 모든 땅과 도시의 행정구역은 물로써 경계가 지어지기 때문이다. 물을 알지 못하면 산 공부는 도로아미타불이다. 물 없는 곳에 생명이 있을 리가 없다. 땅도 마찬가지다. 땅도 물을 만나지 못하면 생기를 얻지 못한다. 그래서 물 없는 명당은 있을 수 없다. 산 공부의 전부가 물과 바람을 다스리는 일이라고 해도 과언이 아니다. 다스리는 게 아니라 얻는 것이다. 바람과 물을 잘못 얻으면 화가 닥치고, 잘 얻으면 복이 온다.

그럼 왜 풍수라고 할까? 수풍이라고 해도 될 것을. 풍(風)은 칼바람이라 해롭고 수(水)는 재물을 뜻하는 물이어서 이롭다. 따라서 해로운 것을 먼저 막고, 이로운 걸 취한다는 뜻에서 풍수라고 한다고 스승님께 배웠다.

풍수에서 나쁜 일은 좋은 일보다 빠르게 나타난다.

몇 해 전 누나네 산소 이장 할 때의 일이다. 누나네 선산으로 올라가는 초입에 잘 조성된 산소가 눈에 띄었다. 산의 끝자락 양지바른 곳에 두 개의 봉분이 햇빛을 받아 노랗게 반짝이고 있었다. 워낙에 묘역이 잘 관리되고 있어서 발복한 게 틀림없을 것으로 보여 발길을 잡아끌었다. 관리 상태를 보아하니 조성된 지 오래되지 않은 것 같았다. 그렇다면 어느 댁 부모님이거나 조부모님일 텐데 쌍분인 것으로 보아 조부모님 보다는 부모님일 것으로 보였다.

묘역에 올라서 사방을 둘러보면서 용(龍: 산의 기맥)의 위세와 행룡의 방향, 혈처 그리고 좌청룡 우백호의 모양과 물이 어디서 발원하여 어디로 흐르고 만나서 빠져나가는지를 확인했다.

풍수지리(風水地理), 산에게 길을 물어보다

산의 끝자락이다 보니 세찬 바람이 불지는 않았지만, 골이 져서 바람이 모였다가 빠져나가는 형국이었고, 물이 만나는 곳이 혈처에서 보았을 때 좋지 않은 방향에 놓여 있었다.

묘역을 조성한 지 얼마 되지 않아서 자손들이 정성껏 가꾸고는 있지만 얼마 못 가 산소 돌보는 일이 힘들어질 것으로 보였다. 먹고 사는 일이 힘들어 산소 돌볼 겨를이 없기 때문이다. 무엇보다 자손 중에 심장병을 앓아 목숨을 잃었을 것으로 염려되었다.

이장 작업을 원활히 마치고 얼마 뒤 다시 누나네 산소를 찾았다. 이장 할 때 미처 돌보지 못했던 산소 주변 정비를 하기 위해서였다. 잔디도 다시 심고 베어낸 나뭇가지를 정리했다. 작업을 마치고 산에서 내려와 늦은 새참을 먹을 때 지난번 내 얘기를 들은 자형이 말했다.

"처남 저기 저 산소 아들이 심장마비로 죽었대."

"아! 진짜요? 언제?"

"어. 부모님 돌아가시고 얼마 안 돼서 갑자기 심장마비로 죽었다고 하더군. 처남, 산소만 보고 그런 걸 어떻게 알아?"

예상했던 일이지만 실제로 그런 일이 일어났다고 하니 안타까울 따름이었다. 그렇다고 그런 얘기를 하면 미친놈 취급받을

게 뻔하니 나서지 않는 게 낫다. 문제는 해로운 일이 당대에 그치지 않는다는 데 있다. 나쁜 기운은 대를 이어 내려가는데 후손 중에 사이클이 맞는 사람이 나오면 다시 영향을 미친다.

다음 얘기도 놀라운 일이다.

얼마 전 지인의 처가댁 선산을 감평하러 갔을 때 큰 저수지를 바라보고 있는 묘역을 발견했다. 나와 그 지인과도 아무런 관계가 없는 묘역이었지만 풍수장이가 묘역을 그냥 지나칠 리가 없다. 참새가 방앗간을 그냥 못 지나가는 것처럼. 묘역을 꽤 넓게 조성해 놓아서 한달음에 올라가서 둘러보았다.

아뿔싸. 산소를 써서는 안 되는 자리에 꽤 보기 좋게 상석과 비석, 망주석까지 조형물을 제대로 갖춰 놓았다. 그곳은 용의 기맥이 끊기면 황천살(黃泉殺:죽음에 이른다는 대흉)을 피할 수 없게 될 것인데, 정확히 용의 기맥이 달라져 황천살과 맞닿아 있었다. 차로 이동하던 중 지인에게 그 묘지에 대해 아는지 물었고, 지인은 자세한 내막은 모른다고 했다. 궁금해하는 지인에게 대충의 영향에 대해 들려주었다.

역시 그로부터 얼마 뒤 그 지인에게서 전화가 왔다.

풍수지리(風水地理), 산에게 길을 물어보다

"형님. 일전에 말씀하신 그 저수지 옆 산소 말이에요. 시골에 가서 들은 얘기로는 그 산소를 쓰고 나서 멀쩡하던 자손이 갑자기 교통사고와 질병으로 비명횡사했다고 하더군요."

그 정도는 예감했던 일이어서 매우 놀라지는 않았지만 어떤 띠의 후손들이 화를 당했는지를 물었지만, 더 자세한 얘기는 알 수 없다고 전화를 끊었다. 지인의 전화를 끊고 창밖을 바라보니 어느새 나뭇가지 위로 어둠이 깔려 적막이 내려와 있었다. 묘지 풍수의 효과나 역효과는 부정도 긍정도 섣불리 할 수 없는 은비학(隱秘學:과학적으로 해명할 수 없는 신비하고 초자연적인 현상)의 영역이 아닐까.

과학이 아무리 발전해도 끝내 밝혀내지 못할 하늘과 땅의 비밀이다.

용상팔살(龍上八殺)은 혈의 향
(向) 오행이 입수룡(入首龍)의 오행을 극(剋)하
는 걸 말합니다. 이 경우 묘를 쓰자마자 돌아서면서부
터 화가 닥친다고 합니다. 24방위 중 묘(卯), 손(巽), 오(午),
해(亥), 신(辛)과 간인(艮寅), 미곤(未坤), 신경(辛庚) 입수룡의
음과 양이 끊어져 바뀌면 큰일 납니다.
황천살(黃泉殺)은 향(向)을 기준으로 물이 시작되거나 빠져나
가는 방위를 말합니다. 이에 대한 이론이 분분하지만, 대표적
황천살은 경(庚)정(丁)곤(坤)수 시황천입니다. 경(庚), 정(丁)
향에 곤방수(坤方水), 곤(坤)향에 경(庚), 정(丁)수는 매우
흉합니다. 이 팔요황천살은 죽음과 파멸을 뜻하므로
장사지낼 때 반드시 피해야 합니다.

대代가 끊어지는 이유가 궁금하십니까?

"형님 시간 될 때 시골 좀 한 번 와줘!"

1년 가까이 계속되는 지인의 부탁이다. 처가댁의 끊이지 않는 우환과 송사가 필시 우연이 아닐 거라는 짐작이었다. 시골에 있는 처가댁 선산에 가서 조상들의 묘를 살펴봐 달라는 부탁이다. 워낙 거리가 멀어서 엄두도 안 나고 예전 같지 않게 주말에 돌아다니는 게 힘에 부쳐서 쉽사리 마음먹기가 어려웠다. 그즈음 장인 되시는 분도 연세가 많으신 데다 건강이 좋지 않아서 마음이 다급해진 것도 한몫했다. 처가댁 의견도 분분했다고 한다. 장인 되시는 분은 사후에 매장을 원했지만, 자식들의 생각은 제각각이었다. 가장 큰 결정권을 쥔 장남은 매장보다는 화장을 원했기 때문에 다급할 일이 없었다. 지인은 그래도 선대 묘소의 감별이라도 해 달라고 부탁했다. 도대체 왜 그런 우환이 계속되는지.

얘기인즉 이랬다.

처가댁의 장손들이 얼마 살지도 못하고 계속 죽고, 잘되는 일이 없다는 것이다. 사람이 다치는 일이 아니라 생명이 꺼진다는 얘기를 듣고 필시 묘역에 문제가 있음을 직감했다. 여건이 어려운 것도 맞지만, 사정을 듣고 보니 궁금증이 폭발해서 가만히 있을 수가 없었다. 흔쾌히 가보겠다고 약속하고 그날을 기다렸다.

"형님 워낙 시골이라서 끼니를 때울 곳이 없으니 어쩌죠?"
"그냥 대충 먹거나 다 둘러보고 내려와서 읍내에 가면 뭐라도 있겠지. 그런 건 신경 쓰지 마~."

당일 날 아침 일찍 그에게서 전화가 왔다. 시간은 새벽 6시. 이미 출발해서 고속도로를 달리고 있었다. 그 무렵 나는 회사에서 엄청난 스트레스를 받고 있었다. 혈압이 190까지 치솟고 대학병원 응급실까지 갔다 올 정도로 신체 리듬이 완전히 깨져버렸다. 영화나 드라마에서 배우들이 뒷목 잡고 쓰러지는 게 터무니없는 설정이 아닐 수도 있겠구나 싶었다. 뒷골이 당기고 목을 자유롭게 돌릴 수 없어서 자동차 백미러도 볼 수 없을 지경이었다. 그렇게 4시간을 달려 지인의 시골에 도착했다.

"잘 찾아갈 수 있겠어요?"

지인이 의아한 표정으로 물었다. 묘가 이 산 저 산에 뿔뿔이 흩어져 있어서 찾을 수 없을까 봐 걱정해서 하는 말이었다. 지인도 자기네 집 선산이 아니다 보니 한 번도 가본 적이 없는 묘를 안내할 수 없어서 답답해했다.

"걱정하지 마. 미리 위성으로 다 파악해 봤으니까 잘 찾아갈 수 있을 거야! 그럼 출발해볼까."

나는 의기양양하게 앞장서갔다. 하지만 첫 묘소를 찾는 것부터 헤매기 시작했다. 현장은 위성과 달랐다. 산을 형질변경해서 밭을 만들어 놓았고, 경계가 불분명하여 찾기 어려웠다.

어쨌든 우여곡절 끝에 첫 번째 묘소인 그 집안의 큰아버지 묘에 도착했다. 묘소에 오르기 전에 원경으로 산세부터 둘러보니 제대로 된 자리는 아닌 것 같았다.

"제발 입수(묘로 들어오는 오행)와 향이라도 맞게 놓았으면 좋으련만"

헉헉대며 올라가는 동안 속으로 되뇌었다. 무릇 명당은 아니더라도 지세의 흐름을 따라 음양이 뒤집히지 않도록 하면 화(禍)는 면할 수 있기 때문이다. 묘소에 올라보니 여러 분묘가 나타났다. 딱 보기에도 좋은 자리는 아니었다. 맥이 끝나는 곳에 수풀이 우거진 묘가 눈에 띄었고, 한눈에 "이 묘구나!" 싶었다.

묘는 입수룡(入首龍:주산인 현무 봉에서 내려온 용이 혈장의 머리 부분과 만나 생기를 혈에 연결해주는 부분)이 어긋나 있었다.

맥이 들어온 대로 바르게 쓸 수밖에 없는 자리인데도 45도가량 비틀어져 있었다. 묘를 씀에 있어서 입수와 향 법은 무엇보다 중요하다. 모든 길흉화복의 원천이기 때문이다. 입수가 끊어져 있으니 다른 요소가 맞을 리 없다.

그 댁 가문 재앙의 근원일 거라는 생각에 묘를 쓰고 난 후 장손(長孫)이 일찍 사망하지 않았는지 물었다. 지인은 조용히 고개를 끄덕였다. 그것도 묘를 쓴 후 8년 만에 큰아들이 간 질환으로 사망했을 것이라고 했고, 나의 예측은 적중했다.

답답함을 뒤로 하고 이번엔 그 고인의 장자(長子) 묘소로 발

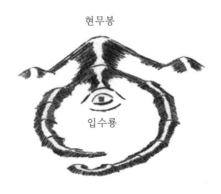

현무봉

입수룡

풍수지리(風水地理), 산에게 길을 물어보다

길을 옮겼다. 장자 묘는 산이 끝나고 도로가 뚫려 내려간 밭에
자리했다. 밭에 모셔진 장자의 묘 역시 입수가 틀어져 있었다.
다행인 것은 풍수에서 가장 중요한 물의 들고 나감이 맞게 놓
았다. 무언가 씁쓸한 기분을 뒤로하고 다시 그 댁의 조부모 묘
소로 이동했다.

"어허~! 어찌 이런 일이."

풍수의 기본이 모조리 무시된 장법(葬法)이었다. 입수는 완전
90도로 틀어져 있었고, 물의 득수, 파구도 완전히 어긋나 있었
다. 보아하니 햇볕이 잘 드는 양지바른 곳에 정남향으로 모셨다.
양향(陽向)을 했는데 물이 음향(陰向)에서 들어오고 빠져나갔다.
파국(破局)이었다. 처음 그 묘소에 이어 재앙이 보태지는 형국이
었다. 조부모의 묘로 인해 닭띠가 심장마비로 돌연사했을 것으
로 추정했는데, 이번에도 예상은 빗나가지 않았다.

다시 일행은 증조 부모 묘소로 이동했다. 저수지 위쪽에 자리
한 증조 부모 묘소는 아주 좋은 자리로 보였다. 하지만 장법(葬
法)이 잘못되어 명당의 발복(發福)을 받지 못하고 있었다. 청룡
백호가 아주 가까이서 잘 환포하고 있고, 물의 합수처도 바로 앞
에 있어 속발할 수 있는 자리임에도 묘지 조성을 오점(誤點)하여
오히려 자손들의 건강이 염려되었다.

풍수는 참으로 어렵고 힘든 것이다. 하나의 명혈을 얻으려면 여러 가지 여건들이 잘 맞아야 하며, 본인의 정성과 경제력, 가족을 비롯한 주변 사람들의 도움도 따라야 한다. 게다가 지사(地師)의 명찰(明察)뿐 아니라 장법(葬法)도 잘 따라야 그 지기(地氣)는 화려하게 발응한다.

종합해 보면 지인의 처가댁이 대(代)를 잇지 못하는 연유가 확연해졌다. 모든 묘를 동네 지관에게 의뢰했고, 한결같이 오점하여 화를 키웠다.

이후에 지인은 돌다리도 두들겨 보고 건넌다는 심정으로 스승님의 감별을 원했고, 스승님도 현장에서 같은 말씀을 하셨다. 그때는 지인의 처가 식구들이 대거 참석하였고, 좀 더 자세한 내막을 들을 수 있었다. 나보다는 더 깊고 세밀한 스승님의 거침없는 해설에 참석자들은 크게 놀랐다. 그 모든 재앙이 묘 때문이었다니 믿기지 않는다는 분위기였다.

지인 처가 식구들은 크게 당황하며 화근을 없애려고 화장(火葬)하겠다고 했다.

"화장하는 게 능사는 아니지요."

그런 참석자들의 의견에 스승님은 이미 그 묘로 인해 자손들이 태어나서 성장을 하고 있으므로 지기를 없애버리면 덕 보는 건 고사하고 무탈하던 자손은 소위 백 그라운드가 없어져서 홀로 살아가기 힘들 것이니 될 수 있으면 이장하거나 바르게 고쳐 놓는 게 낫다고 말씀하셨다.

스승님과 나는 모든 묘의 진단을 끝내고 그 지인의 선산에서 혹시나 있을지 모를 명당을 찾아 나섰다. 한참을 이산 저산 돌아다닌 끝에 정말로 좋은 명혈을 찾았다. 재상의 인재가 연출할 것이며, 부(富)가 넉넉할 명당 중의 명당이었다. 문제는 의견 일치다.

앞에서 말했듯 풍수는 나 혼자 할 수 있는 일이 아니다. 가족을 비롯한 주변 사람들의 도움이 따라야 하는데 그 뒤로 들리는 얘기는 의견 일치가 되지 않아 결국은 화장할 것 같다는 전갈이 왔다.

그래서 예부터 산 임자 따로 있고, 땅임자 따로 있다고 했다.

그 집 가문의 재앙이 되풀이되지 않고, 모든 후손이 건강하게 삶을 영위할 수 있기를 기대해 본다.

적어도 더는 장손들이 화를 입지 않고, 정신 이상 증세가 발현되지 않기를 바랄 뿐이다.

이렇게 해보세요~ 인생이 달라질 거예요

　　용(龍)이 행룡 하다가 명당의 혈(穴) 자리를 만들 때
음(陰)은 음으로, 양(陽)은 양으로 받아야 합니다. 만약 음
　　과 양이 끊어진다면 자손에게 영향을 줍니다.
특히 대(代)를 잇는 문제에 심각한 영향을 끼칠 수 있습니다.
또 묘를 중심으로 물이 들어오는 득수처, 물이 만나는 합수처,
물이 빠져나가는 파구처가 혈 자리와 어긋난다면 이 또한 재
　　　　앙을 피할 수 없게 됩니다.

'매장'과 '화장', 그 어려운 선택

"여보세요. 아, 안녕하세요. 건강하시죠?"

2018년 무술년이 얼마 남지 않은 12월 어느 날 막내 고모에게서 전화가 왔다. 고모는 우리 식구들의 안부를 묻는 것으로 간단한 인사를 나눈 뒤 용건을 말씀하셨다.

"시골 밭떼기에 모셔둔 우리 조상 산소 알제?"
"예 고모. 그런데 뭔 일 있어요?"
"그 밭이 얼마 전에 다른 사람에게 팔렸는데, 새로 산 사람이 밭에 있는 우리 산소를 파내라고 난리다. 우짜면 좋겠노?"

그 밭에 모셔둔 조상은 고모님 시조부모님이고, 애초부터 동네 사람의 승낙을 받아 남의 땅에 산소를 썼다.

이렇게 해보세요~ 인생이 달라질 거예요

"고모. 아무리 땅 주인이라고 하더라도 함부로 파내거나 하지는 못하니까 잘 말씀해 보세요."

"얘기했지. 그런데 그 땅 임자가 말이여. 밭에 다른 걸 경작하려는데 산소가 덩그러니 있으니께 일하는데 지장이 생긴다며 한사코 옮겨 달라고 하잖여. 이장 비용도 자기가 다 대 준다면서."

"글쎄요. 제가 남의 조상을 어떻게 하라고 말씀드리는 건 아닌 것 같고, 형이랑 잘 상의해서 결정하시면 되겠네요."

"야야 고마 속 시끄러워서 안 되겠다. 그냥 파내서 화장할까 하는데 언제 어떻게 하면 좋겠노? 점집에 물어보니 날 잡는 것도 돈을 많이 달라 카던데. 네가 한번 날짜 좀 빼주라."

고모도 내가 풍수 공부를 하는 걸 아니까 내게 자문을 구했다. 또 내가 당신의 부모님 그러니까 우리 할아버지, 할머니 산소 이장 한 일을 알고 계시니까 믿고 부탁을 하신 듯하다.

일단 좋은 날, 좋은 시간을 정해서 알려드리겠다고 하고, 전화를 끊었다. 그래도 내가 하는 일이 미덥지 않으셨을 텐데 믿고 전화해준 고모가 고마웠다. 고모가 화장하려는 그 묘는 일전에 스승님을 모시고 우리 조상님 묘소 감별할 때 둘러보았었다. 그 산소는 비문이 없어 좌향을 정확히 알 수는 없지만, 봉분의 형태로 보아 좌향을 잘못 놓은 파국으로 재혈(在穴)하였으며, 묘소 바로 옆에 흉석(凶石)이 있어서 자손에게 좋지 않은 영향을 끼친다고 하셨다.

그 때문인지 고모부는 어느 날 친구들과 약주를 드시다가 화를 당했다. 친구와 사소한 말다툼을 벌였는데 언성이 높아진 친구가 고모부님 머리를 손으로 쳐 그 충격으로 돌아가셨다. 그래서인지 우리 조상님들 사초를 하고 내려올 때마다 고모네 그 산소를 지나쳐 오게 되는데 그때마다 마음이 편치 않았다. 또 어떤 화가 자손에게 미칠지 염려되었기 때문이다.

또 내 말을 믿지 않을 테니 이러쿵저러쿵 말씀드리기도 어려운 상황이어서 혼자 속을 끓이고 있던 차였다. 그래서 고모가 그 산소를 화장한다고 하셔서 내심 반가웠다. 기왕이면 더 좋은 곳으로 이장하는 게 낫지만 사촌 형 혼자서 사초를 다녀야 하니 그 또한 마음이 쓰였을 것이 짐작되었다.

요즘 장묘문화가 매장에서 화장으로 많이 바뀌었지만, 화장을 하면 자손과의 동기감응은 사라진다. 음택 명당의 발복으로 태어난 혈손은 아무리 큰 사고가 닥쳐도 그 일로 다치거나 죽지 않는다고 한다. 그래서 명당은 아니었어도 자손과의 동기감응이 일어나기 때문에 좋은 곳으로 잘 이장하면 그 자손에게 좋은 기운을 불어넣어 자손이 잘되도록 돕게 된다.

시간이 흘러 내가 알려준 그 다음 날 고모께 전화했다.

"어 그래. 네 덕분에 어제 일 잘 마무리했다. 며칠 엄동설한이 계속돼서 많이 걱정했는데 마침 그날은 춥지도 않고 따뜻해서 수월하게 했다. 고맙데이."

고모는 오랜 고민거리를 해결해서 너무 좋아하셨다. 한바탕 인사말이 끝나고 고모님께 유골의 상태를 물었다.

"두개골은 그대로 있고 손발가락 같은 작은 뼈마디 빼고는 다 그대로 있더라."
"색깔? 색깔은 새까맣게 그을려 있더라."
"그거 보이소. 우리 할머니보다 더 오래전에 묻혔는데도 유골이 그대로 있잖아요."
"그러게. 그럼 엄마가 계신 곳이 명당이 아니었나 보구나."

고모는 그제야 내 말을 믿었다. 고모는 할머니의 유골이 소실된 것에 안타까워하다가 다시 고맙다는 인사를 끝으로 전화를 끊었다. 그리고 며칠 뒤 고모는 내 통장에 조금의 돈을 넣었다. 택일해준 감사의 뜻이었다.

풍수지리(風水地理), 산에게 길을 물어보다

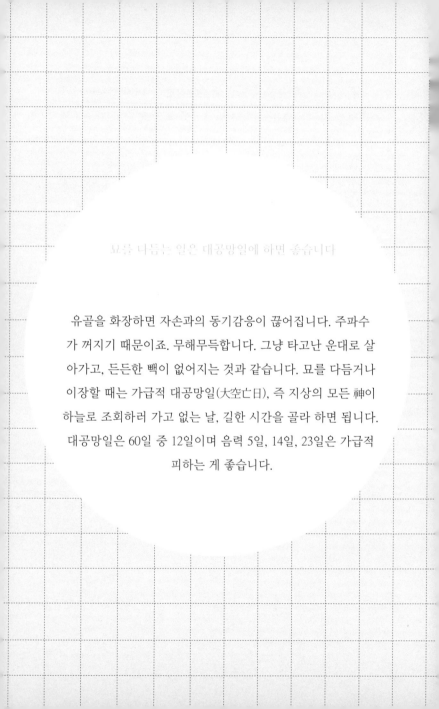

묘를 다듬는 일은 대공망일에 하면 좋습니다

유골을 화장하면 자손과의 동기감응이 끊어집니다. 주파수
가 꺼지기 때문이죠. 무해무득합니다. 그냥 타고난 운대로 살
아가고, 든든한 빽이 없어지는 것과 같습니다. 묘를 다듬거나
이장할 때는 가급적 대공망일(大空亡日), 즉 지상의 모든 神이
하늘로 조회하러 가고 없는 날, 길한 시간을 골라 하면 됩니다.
대공망일은 60일 중 12일이며 음력 5일, 14일, 23일은 가급적
피하는 게 좋습니다.

누구는 금수저, 누구는 흙수저?

요즘 풍자되고 있는 말이다. 금수저와 흙수저.

어떤 사람은 부모를 잘 만나 금수저를 물고 태어나고, 어떤 사람은 뭣 때문에 흙수저를 물고 나왔을까. 금과 은의 표현에서 알수 있듯이 근본이 다르다는 얘기다. 사람이 태어나는데 왜 근본부터가 다를까. 인생의 비밀과 운명을 밝히는 일, 명리학을 통해운명의 이치를 구명할 수 있을까. 우리 인생사는 운명에 도전하고 개척하고 그 비밀을 찾는 일이라고 할 수 있다. 인간의 길흉화복은 어디에서 오는 것일까. 사주에는 인간의 운명이 나타나 있다고 믿고 있다. 그렇다면 그 운명은 어떻게 결정되는 걸까.

풍수는 동기감응(同氣感應)론이다. 나의 기운이 조상님과 연

풍수지리(風水地理), 산에게 길을 물어보다

결되어서 공유하고 있다는 논리다. 조상님이 계신 묘소, 그 땅의 기운대로 운명이 결정된다고 풍수에서는 말한다. 조상님이 계시는 땅의 기운에 따라 후손의 기운도 나타난다.

땅은 인간의 어머니와 같다. 땅은 인간을 생육한다. 인간은 어머니의 품에서 살다가 어머니의 품속으로 돌아간다. 풍수의 명당자리가 여성의 가슴 혹은 성기의 모양을 띠는 건 다 그런 소치이다. 좋은 땅에 지은 집에 살면 그 사람이 번성하게 돼 있다. 나그네가 길을 가다가 잠시 쉬어 갈 때도 길섶에 좋은 자리를 골라 앉는다. 하물며 생활의 터전인 집이나 영면의 터인 묏자리를 잡는 일인데 당연히 고르고 골라야 하지 않겠는가. 그것이 곧 풍수다.

명당의 기본산도는 영락없는 여자의 그곳과 닮아있다. 이 세상에서 여자의 자궁만큼 편안하고 생명력이 넘치는 곳은 없다. 조상의 유골을 좋은 땅에 묻으면 뼈가 생기를 받아 동기(同氣: 기가 같은 혈족)에 감응하게 된다.

죽은 조상의 뼈가 산 자손에게 기를 불어넣는다. 좋은 자리에 모시면 좋은 환경에, 나쁜 자리에 모시면 고달픈 환경에 자손이 처한다. 그것이 금수저, 흙수저로 나타난다. 명당에 조상님을 모시면 좋은 자손이 태어나고 그 자손이 명망을 얻어 성공하면 다시 동기감응을 받은 자손이 태어난다.

동기감응은 어떻게 나타날까. 풍수에서는 집터나 묘 터를 분석할 때 용(龍)·혈(穴)·사(砂)·수(水)·향(向)을 중요시한다. 그래서 '지리오결(地理五訣)'이라고 한다. 이 지리오결에 따라 감응하는 자손이 다르게 된다.

용(龍)은 산 능선을 말하며 맥이라고도 한다. 산맥의 흐름이 마치 용과 비슷하여 붙여진 이름이다. 혈(穴)은 용 맥을 따라 전달된 지기가 모인 땅을 말하며, 사(砂)는 혈을 전후좌우에서 감싸고 있는 산봉우리를 말한다. 수(水)는 용과 혈의 지기를 보호하고 인도하는 역할을 하며, 향(向)은 앞을 말한다. 따라서 동기감응은 용·혈·사·수·향에 의해 나타난다.

명당이든 흉지이든 이 지리오결(地理五訣)에 의해 자손과의 동기감응이 일어난다. 혈장을 중심으로 용에 따라 나타나기도 하고, 혈장으로 들어오는 입수처에 의해 나타나기도 한다. 또 혈장을 둘러싸고 있는 산봉우리에 따라서, 물이 만나고 들어오고 빠져나가는 방향에서 혹은 혈이 바라보는 방향으로 감응이 일어난다.

예를 들어 조선을 개국한 태조 이성계는 5대조 할아버지 준경묘와 5대조 할머니 영경묘로부터 동기감응을 받아 군왕에 오르게 되었다. 우리 집도 3대조 할아버지 묘의 영향으로 자손들이 번성하였으며 3대조 할머니, 할아버지에 이어 어머니 묘가 잘못 안장되어 장자들이 단명하거나 위장병, 심장병을 앓는 후손들이 많다. 심지어 그 생(生)까지도 같다. 나도 그 범주를 벗어나지 못해 정해진 해에 정해진 날 태어나 위장병과 심장병을 앓고 있으니 말이다.

얼마 전에는 공부도 할 겸 지인의 조상 묘를 살펴본 뒤 후손들의 생을 예측하고 물어보니 대부분 맞았다. 그리고 그중에 경(庚)생이 발복 하였을 거라고 보았는데, 실제로 그 자손 중에 경(庚)생이 제일 잘살고 있었다.

간혹 사주 상담을 할 때도 금수저, 흙수저는 구분될 정도다. 대부분 사주 상담을 할 때 자기 사주만 보지 않고 가족들 사주를 모두 물어보는 경우가 많다. 사주 상담을 하는 사람들 대부분은 일이 잘 안 풀리기 때문에 상담을 하는 경우가 많다. 그 사람들의 사주를 보면 당사자를 비롯해 가족들의 사주도 갑갑한 경우가 대부분이다. 반면에 그냥 호기심 때문에 물어보는 사람은 질문부터가 다르다. "저 어때요?"라는 식이다.

사주가 아주 좋은 사람은 가족들 사주까지 좋다. 가족들 사주가 다 좋은 사람들에게 조상님 산소가 어떠냐고 물으면 "밝은 곳에 잘 가꿔 놓았다."고 한다. 먹고 살기 편안하니까 조상님 산소 돌보는 일에 정성을 다한다. 반면 먹고 살기 힘든 사람

이렇게 해보세요~ 인생이 달라질 거예요

들은 조상님 산소 돌 볼 겨를이 없어서 묵 묘가 되는 경우가 많다. 그러니 금수저, 흙수저 상황에 놓일 수밖에. 죽은 조상의 뼈가 산 자손에게 힘을 발휘하는 것이다. 일종의 전파 같은 것인데 주파수가 서로 맞으면 반응하는 것이다. 사람은 땅이 가진 생기의 산물이다.

풍수에서 용과 혈은 천지도야입니다. 하늘이 하는 일이라는 얘기입니다. 인지도야 즉, 사람이 할 수 있는 일은 사 · 수 · 향입니다. 그만큼 사격(봉우리) 하나하나 간과해서는 안 됩니다. 향과 파구, 사격에 따라 발응이 나타난다고 스승님은 강조하셨습니다. 물이 가깝고 선명하면 물이 우선이고, 사격이 가깝고 선명하면 사격이 우선 발응합니다. 발응은 가장 가까운 사격이나 파구에 해당하는 생이 먼저 나오고 상생 관계로 연이어 태어납니다. 때로는 오행이 뒤집혀서 상극으로 나타나기도 합니다.

저당 잡힌 허리춤, 어머니의 '숨'

문득 돌이켜본다. 어머니는 참 재밌는 습관이 있었다. 경사가 급한 언덕을 오를 때면 난데없이 덥석 내 허리춤을 낚아챘다. 정확히 허리띠 버클이 있는 바지 윗부분을 움켜잡았다. 그리고선 잠시 멈춰선 채 나를 바라보면서 피식 웃음을 지었다. 조금 개구진 표정을 지으면서 내 허리를 지그시 눌렀다. 조금 천천히 가자는 묵언이셨다. 나는 그런 어머니의 느닷없는 행동과 익살스러운 표정이 싫지 않았다. 오르막이니까 숨이 차서 그럴 거라고 대수롭지 않게 생각했다. 누구나 오르막은 힘든 법이니까. 연로하셔서 더 그러실 거라는 생각도 보태졌다.

그 언덕길은 집에서 가까운 곳이었다. 외출하기 위해 신작로로 나갈 때면 꼭 지나쳐야 하는데 경사가 꽤 급했다. 젊은 나로서도 한달음에 오르기란 버거울 정도였다.

이렇게 해보세요~ 인생이 달라질 거예요

허리춤을 낚아챈 어머니는 아랫입술을 안으로 살짝 말아 넣고 벌어진 입술 틈으로 거친 숨을 몰아쉬었다. 어머니는 숨이 편하게 돌아올 때까지 언덕길에 멈춰 서야만 했다. 그렇게 숨을 돌린 어머니는 언덕을 다 올라갈 때까지 움켜쥔 허리춤을 놓지 않으셨다.

대학졸업 무렵 대구에서 어머니와 함께 살다가 취직을 하겠다고 상경했다. 그 무렵 언론사에 들어갈 요량으로 중앙 일간지에 지원하였으나 계속 낙방했다. 이 길이 아닌가 싶어 중도에 포기하려다가 지방지부터 시작하기로 다시 마음먹었고, 다행히 한 언론사에 입사하게 되었다.

그렇게 집도 절도 없이 수도권에 배낭 하나 달랑 메고 상경했다. 배낭에는 홑이불과 요, 간편한 옷가지와 꼭 필요한 생필품이 들어 있었다. 거처할 곳을 찾지 못하고 무작정 올라온 나는 여관 생활을 시작했다. 그러나 여관은 지친 내 몸을 쉬게 할 공간이 아니었다. 온갖 사람들이 다 드나들다 보니 갖가지 소음에 시달려야 했고 좋은 안식처가 될 수 없었다.

그렇지만 내게는 뾰족한 수가 없었다. 주머니 사정이 좋지 않아 그 흔한 하숙방도 구할 수 없었기 때문이다. 어머니가 쥐여 주신 한 달 생활비는 벌써 바닥을 향해 가고 있었다. 첫 월급을 탈 때까지 버텨야 하는데 그대로 가다가는 답이 없었다. 할 수 없이 여관에서 여인숙으로 거처를 옮겼다. 여인숙으로 옮기

일체유심조(一切唯心造), 모든 것은 오로지 마음이 짓는다.

고 보니 여관은 호텔이었다. 그게 호사였구나 하는 생각이 들고 보니 내 처지가 한없이 처량했다. 그렇지만 그때마다 되뇌었다. '고진감래, 호사다마'

내가 거처하던 주변도 언덕길이 많았다. 아니 도시 전체가 언덕길 투성이었다. 온종일 뚜벅뚜벅 도시 곳곳을 누비고 다니다 보니 퇴근길에 맞닥뜨린 언덕길은 고난의 행군 그 자체였다. 퉁퉁 부은 종아리를 부여잡고 잠을 청하기 일쑤였다. 그러던 어느 날 퇴근길 언덕길에 멈춰서 거친 숨을 몰아쉬던 중 어머니의 손길이 느껴졌다.

"좀 천천히 다녀라."

환청이었을까. 주위를 둘러보니 낯선 사람들뿐이었다. 다시 발을 떼려는 순간, 허리춤이 허전해 왔다. 어머니가 잡아 주던 내 허리춤. 한참을 멍하니 섰다. 늦은 시간 여인숙에 들어와 대충 씻고 잠을 자려고 누웠다. 밀려오는 어머니의 그리움에 잠을 뒤척였다. 어머니가 챙겨주신 요에 몸을 뉘이고 홑이불을 머리 끝까지 뒤집어쓰고 있노라니 갑자기 눈물샘이 터졌다. 그날 밤은 베갯잇 적셔가며 꺼이꺼이 울었다.

이제 와 생각하니 지난날 나는 어머니에게 허리춤을 잡혀 옴

이렇게 해보세요~ 인생이 달라질 거예요

짝달싹 못 하고 어머니의 숨이 돌아올 때까지 기다려준 게 아니라 같이 숨을 돌리고 있었다. 숨이 가쁘기는 매한가지였고, 나도 어머니가 허리춤을 낚아챈 덕분에 쉬어갈 수 있었다.

며칠 전 결혼 후 20년이 넘도록 쓰던 옷장을 버리고 붙박이장을 들였다. 새 옷장을 정리하면서 낡고 오래되거나 멀쩡하지만 거의 입지 않는 옷들을 버렸다. 옷들과 함께 오래된 이불도 내다 버릴 생각으로 100리터짜리 대형재활용 봉투에 꾸깃꾸깃 마구마구 구겨 넣었다.

옷장 제일 밑바닥에 있던 그 요가 눈에 들어왔다. 결혼할 때도 버리지 못하고 간직하고 있었다. 보관은 해왔지만 별로 쓰지 않고 있었다. 한 집안의 장남이다 보니 부모님 제사를 지낼 때면 형제들이 올라와 잠을 자고 가기 때문에 그들에게 내어줄 요와 이불이 필요했다. 그 때문에 옷장에는 다른 집보다 이부자리가 많다. 몇 해 전에는 누나와 동생 형제들이 곗돈에서 이부자리를 장만하라고 지원해 주어 새 이부자리를 장만했지만, 어느덧 또 세월의 무게를 떠안고 있다.

그때마다 어머니가 챙겨준 요는 내 몫이 되었다. 침대는 아내에게, 아니면 아들에게 양보하고 나는 바닥에서 그 요를 깔고 잠을 청했다. 아내와 상의하면서 모두 버리고 새 이부자리를 장만하기로 하고, 그 요를 버리기로 했다.

일체유심조(一切唯心造), 모든 것은 오로지 마음이 짓는다.

큰마음 먹고 어머니가 챙겨주셨던 그 요를 재활용봉투에 쑤셔 넣던 중 또 눈물샘이 터지려 했다. 눈시울이 뜨겁게 달아올랐다. 인고의 눈물이 묻어있는, 어머니의 정성과 사랑이 묻어 있는 그 요를 도저히 버릴 수 없었다.

여관과 여인숙을 전전하며 요에 코를 박고 울면서 어머니를 그리워했던 내 청춘이 떠올라 눈물이 터질 것 같았지만, 아내 앞이라서 억지로 눈물을 짓눌렀다.

다시 그 요는 새 옷장의 제일 밑바닥에 가지런히 놓였다. 그러면서 아내에게 말했다.

"자기야. 이 요는 나 죽기 전에 언젠가는 꼭 버리자. 내가 살았을 때 안 버리면 내가 죽고 나면 내가 아끼던 거라고 불에 태울 거 아냐. 죽어서 저승에까지 가지고 가고 싶지는 않아."

평소에 부모님 건강 상태를 잘 살펴야 합니다. 특히 숨소리에 집중해야 합니다. 나는 그 언덕 오르막에서 숨 가빠하시던 엄마가 그저 연로하셔서 그런 줄만 알았습니다. 사실은 그때 이미 심장혈관에 문제가 있었는데 알아차리지 못했습니다. '쌕쌕' 소리가 나거나 언덕길에 다리가 아픈 것보다 숨이 차다고 하실 때는 반드시 심장 검사를 해 보는 게 좋습니다. 우리 신체에 화(火)의 기운이 꺼지면 심장도 튼튼히 지켜낼 수 없습니다. 풍수에서도 화 방위에서 파국이 되면 심장에 직격탄을 날립니다. 화에 대한 파국이 닥치면 불이 꺼지는 것과 같습니다.

아버지의 사랑과 회한 들여다보기

1989년 5월 8일.

위암 말기로 암 투병을 하시던 아버지는 난데없이 사슴을 기르겠다고 하셨다. 암 덩어리를 떼어내고 항암치료를 받으시느라 눈에 띄게 수척해지신 아버지의 결정을 가족들은 이구동성으로 말렸다. 하지만 고집이라면 대한민국 1등 가는 아버지가 결정을 번복할 리는 없다. 시골 마을에 터를 잡은 아버지는 마을 뒷산을 빌려 울타리를 치고 사슴을 키웠다. 꽃사슴 3마리는 그때부터 아버지의 가족이 됐다. 수사슴 2마리와 암사슴 1마리였다.

아버지는 시골집에서 혼자 사슴을 기르는 것으로 여생을 보내셨다. 그 무렵 나는 군 복무를 마치고 복학을 앞두고 학비를 벌기 위해 공장에 취업했다. 돈을 벌겠다는 생각으로 아르바이트했던 게 이제 와서 너무나 후회된다. 아버지와 같이 보낼 수 있는 마지막 시간이었는데….

아버지는 이른 아침 일찍 눈만 뜨면 목장으로 가셨다. 거창한 목장이랄 것도 없지만 그래도 우리 마음에는 목장이었다. 아버지는 종종 울타리를 손질하고 사슴 똥을 치우고 배꼽시계가 신호를 보내고 나서야 집으로 돌아와 혼자 밥을 드시곤 했다. 항암 치료 중이셔서 음식 조절을 잘하셨어야 했는데 아무도 돌보지 않는 곳에서 식이조절이 될 리는 만무했다. 차라리 아버지 옆에서 아버지와 재밌게 사슴을 키울 걸 그랬다. 그까짓 돈 얼마나 벌겠다고. 후회막급이다.

어느 주말에 아버지 댁에 갔을 때 일이다. 아버지는 지게를 메고 산에 사슴 풀을 뜯으러 가신다고 했다. 사슴은 칡넝쿨을 제일 좋아한다. 아버지를 따라 산기슭에 도착해 낫으로 칡넝쿨을 걷어냈다. 이른 여름이라서 땀이 비 오듯 쏟아졌다. 칡넝쿨을 걷어내던 나는 연신 시계를 살피고 있었다. 친구들과 약속 시각이 다가오고 있었기 때문이다.

"으악."

일체유심조(一切唯心造), 모든 것은 오로지 마음이 짓는다.

조급증이 난 나는 결국 낫으로 내 정강이를 찍어버렸다. 살점이 낫에 찍혀 덜렁대고 있었다. 깜짝 놀란 아버지는 급한 대로 쑥을 캐다가 짓이겨 상처 부위에 발라 주셨다. 쓰라리고 아픈 와중에도 어딘지 시간에 쫓기는 표정을 하니 아버지가 얼른 알아차리고 그만 가라고 하셨다. 가는 길에 약국에 들러 상처 치료도 할 겸 일찍 서둘러 가라고 하셨다. 하는 수 없이 나는 하던 일을 멈추고 아버지께 낫을 돌려드린 뒤 산에서 내려왔다.

마을 큰 신작로에 내려와 버스를 기다리는 중에 아버지가 계시는 산기슭이 보였다. 그리곤 마음이 너무나 무거워졌다. 혼자 하시던 일을 괜히 내가 돕겠다고 나서서 칡넝쿨이 많아졌는데, 편치도 않은 몸으로 그 많은 칡넝쿨을 짊어지고 험한 산길을 내려오실 걸 생각하니 마음이 착잡했다. 금방이라도 다시 산으로 올라가고 싶었다. 아니다, 사실 더 솔직히 말하면 마음을 종잡을 수 없었다. 그렇게 다시 올라갈까 말까 망설이던 차에 버스가 도착해 버스에 올라탔다. 버스가 출발하고 맨 뒷좌석 쪽으로 가서 아버지가 계신 산기슭을 쳐다보는데 눈에 뜨거운 눈물이 흘렀다. 그까짓 친구들과의 약속이 뭐 그리 중요하다고 편치 않으신 아버지를 홀로 내버려 두고 도망치듯 빠져나왔을까. 결국, 나는 그 날 밤새도록 잠을 설쳤다.

사슴 사육을 시작한 지 1년이 된 이듬해 수사슴 한 마리를 더

들였다. 첫해 녹혈과 녹용을 팔아 얻은 이익을 아껴 사슴을 더 사들였다. 사슴은 녹용과 녹혈을 팔아 수익이 되는 구조다. 녹용을 팔 때면 시골 촌구석에 고급 세단 승용차들이 즐비하게 들어왔다. 녹용 파는 일은 큰누나와 큰 자형의 도움이 컸다. 그 당시 공장을 운영했는데 거래처에 홍보를 많이 해주어서 판로가 쉽게 확보됐다. 작은누나와 작은 자형도, 그리고 막내 누나와 막내 자형도 도움을 많이 주었다. 막내 자형은 큰 회사에 다니다 보니 직장 동료에게 홍보를 많이 해주어서 녹용과 녹혈 판매가 수월했다. 참 고마웠다.

아버지는 수입이 생길 때마다 사슴을 사들여서 7마리 정도로 늘어났다. 나와 동생들은 주말이면 아버지를 도와 사슴을 키웠다.

그로부터 얼마 뒤 아버지의 병세가 악화됐고, 아버지는 병마와 싸우다 사슴을 키운 지 1년 만에 돌아가셨다.

아버지 전상서. "아버지요. 아버지~."

아버지가 돌아가신 뒤 사슴은 늘어났지만 수입 자유화 바람이 불면서 사슴 가격이 하락해 목장 운영에 어려움을 겪었고, 결국 1994년 9월 26일 목장을 처분해야 했다.

일체유심조(一切唯心造), 모든 것은 오로지 마음이 짓는다.

대학교에 다니는 동안 나는 아버지가 일군 사슴을 키워 학비를 댈 수 있었다. 아버지는 그렇게 자신의 사후에 식솔들의 먹고 사는 문제 해결을 위해 그 힘든 몸을 이끌고 사슴을 키우기 시작한 것이다.

"다음 생에는 꼭 부잣집 딸내미로 태어나고 싶구나."

아버지는 병마와 투병 중일 때 마약 진통제를 맞아가며 이 악물고 고통을 참아내셨고, 그때마다 이렇게 소원하셨다. 10살에 가장이 되셔서 다섯 식솔 뒷바라지 하시다가 장가들어 또다시 일곱 식솔 먹여 살리시면서 얼마나 회한이 깊었으면 그런 마음이 드셨을까.

"아버지! 덕분에 학교 무사히 마치고 잘 먹고 잘살았습니다. 고맙습니다. 다음 생에는 제가 아버지 할게요."

아버지의 턱 도장은 사랑입니다.

아버지의 그 한없는 희생에 경의를
표합니다. 어릴 적 잠을 잘 때 칠흑 같은 어둠 속
에 인기척이 들려 실눈을 뜨고 살피다가 아버지와 눈이
마주치는 경우가 많았습니다. 그렇게 아버지는 새벽녘 가족
모두의 안녕을 확인한 뒤 잠자리에 드셨습니다. 이따금 술 냄
새를 풍기며 비벼대던 그 까칠한 턱수염은 내가 그의 아들임을
느끼게 해주었습니다. "아이구 귀여운 내 새끼!" 하면서 턱 도
장을 꾹꾹 찍었기 때문입니다. 아버지는 그렇게 늘 언제나 말
보다는 행동으로 자식에 대한 애정표현을 하셨습니다. 지금
내가 이렇게라도 사람구실 하면서 사는 것도 아버지가 힘
들게 뒷바라지하면서 키워준 덕분입니다.
아버지 보고 싶습니다.

혼쭐난 제사 없애기

2018년 추석을 앞둔 어느 날. 부모님 두 분을 모두 여의고 나니 명절 차례 지내는 일이 그다지 즐겁지 않다. 벌써 두 분 모두 내 곁을 떠난 지 10년이 훌쩍 넘었다. 모든 걸 품어 주던 울타리가 없어졌다. 말 그대로 고아다. 부모님이 계시던 명절이 그립다. 명절 때마다 내가 좋아하던, 자식들이 좋아하던 음식을 준비해 놓고 기다려 주던 어머니가 그립다.

이제는 엄마가 좋아하시던, 아버지가 좋아하시던 음식을 제사상에 올리는 게 현실이 되었다.

그날도 제사상에 올릴 몇 가지 재료를 사기 위해 시장에 갔다. 명절을 앞두고 적어도 2주 전에는 제사용품을 사야 싸게 살

186

수 있지만, 우리 집 냉장고가 허락하지 않았다. 벌써 몇 번이고 재료를 사서 욱여넣으니까 넣는 족족 토해냈기 때문이다. 돈도 돈이지만 조금 비싸더라도 신선한 재료를 사서 하는 게 낫겠다 싶어 좀 늦게 장을 보러 갔다. 몇 가지 재료를 사서 이동하던 중 손가락에 걸린 까만 비닐종이의 악력이 느껴졌다. 조금만 더 참고 그냥 계속 장을 볼까 하다가 아무래도 손가락이 너무 아파서 차에 내려놓고 계속 장을 보기로 했다.

트렁크에 짐을 넣을까 하다가 짐을 내려놓고 문을 여는 것이 귀찮았다. 귀찮음은 거기서 끝나지 않았다. 조수석 뒷좌석에 넣으려다가 나중에 하차할 때 조수석으로 돌아가서 짐을 꺼내는 일이 성가실 것 같았고 결국 운전석 뒤쪽에 싣기로 했다. 그리고 발을 내딛는 순간 엄청난 고통에 자지러지고 말았다.

왼발은 보도 턱 위에 있었고, 오른발을 내려 딛는 바닥이 움푹 패어 있었다. 발은 사정없이 꺾여 버렸고, 엄청난 고통에 쓰러져서 움직일 수가 없었다. 주위의 시선이 쏟아졌지만 창피함 따위를 신경 쓸 정도로 온전치 못했다.

그때는 "괜히 잔머리 굴리다가 낭패 봤다."고만 생각했다. 그냥 처음 다가갔던 것처럼 조수석 뒷좌석에 넣었다면 괜찮았을 것을.

추석 차례는 아픈 발목을 부여잡고 무사히 마쳤다. 애당초 이

일체유심조(一切唯心造), 모든 것은 오로지 마음이 짓는다.

번 추석 차례 때 조상님들께 앞으로는 제사를 지내지 않고 명절 제사만 지내겠다고 말씀드릴 생각이었다. 요즘 집집이 부모님 제사만 지내고 그 윗대 조상 제사는 명절 제사나 시제로 대체하는 게 사회 풍속이 되다시피 했다. 할아버지, 할머니 제사만 하더라도 벌써 50년을 넘게 지내왔고, 증조 부모님은 100년 가까이 지냈으니 그만하면 되었다고 생각했다.

"귀신도 10년이 넘으면 귀찮아서 안 내려온다고 하더라."

아내가 어느 스님의 얘기를 듣고 내게 한 말이다.

"할아버지, 할머니와 증조 부모님은 벌써 환생하셨을 거야."
아내의 말에도 일리가 있다는 생각에 추석 차례를 지내면서 조상님께 고했다. 이번 추석을 시작으로 앞으로 제사는 지내지 않겠다고. 괜히 조상님 제사를 없애겠다고 마음먹어서 발을 다친 게 아닐까 싶었지만 지레 겁을 먹는 건 아니라고 생각하여 그냥 계획대로 말씀을 드렸다.

제사를 지내는 건 조상을 숭배하기 위함이지만 조상들께 자손들이 잘되도록 기원하는 것도 덤이다. 그래서 제사 지내는 일로 스트레스받아가면서까지 조상님들께 잘 되게 해달라고 조르는 일 또한 억지일 테고, 조상님도 괜히 속 시끄러울 거로 생각

이렇게 해보세요~ 인생이 달라질 거예요

했다. 그렇게 할아버지, 할머니, 증조할아버지와 증조할머니 두 분의 제사는 올해로 끝이 났다. 그러면서도 아버지의 유훈이 떠올랐다. 아버지는 내게 증조할아버지 제사는 누가 뭐라고 해도 정성껏 지내라고 당부하셨다.

"유훈을 따르지 못해 죄송합니다. 아버지. 그렇지만 명절 차례 때 정성껏 잘 차려 드리겠습니다."

이후에도 접 지른 발목 치료를 위해 한의원과 정형외과를 수도 없이 다녔다. 그리고 예정된 벌초를 가려고 했으나 발목이 낫지 않아 동생들만 다녀왔다. 조상님들이 제사를 물리친 자손이 꼴도 보기 싫으셨던 것일까. 여러모로 마음이 편치 않았지만 제사를 없앤다는 말을 들은 아내와 제수씨의 미소가 더 큰 울림으로 남았다.

일체유심조(一切唯心造), 모든 것은 오로지 마음이 짓는다.

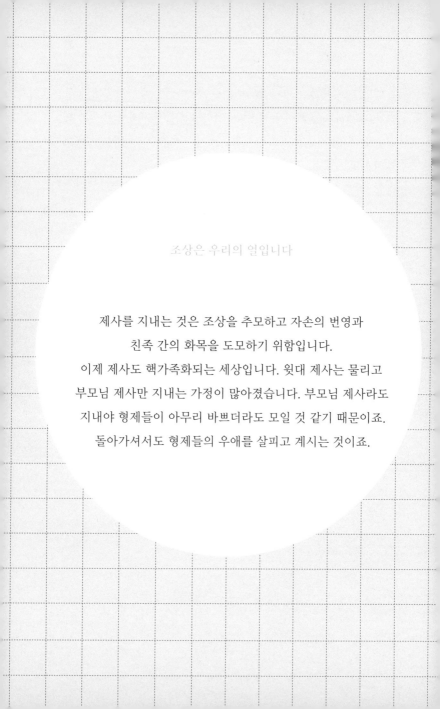

조상은 우리의 얼입니다

제사를 지내는 것은 조상을 추모하고 자손의 번영과
친족 간의 화목을 도모하기 위함입니다.
이제 제사도 핵가족화되는 세상입니다. 윗대 제사는 물리고
부모님 제사만 지내는 가정이 많아졌습니다. 부모님 제사라도
지내야 형제들이 아무리 바쁘더라도 모일 것 같기 때문이죠.
돌아가셔서도 형제들의 우애를 살피고 계시는 것이죠.

쌍둥이 밤이 천대 받는 이유?

할머니 제삿날이었다. 아침부터 몸과 마음이 분주했다. 날이 날인만큼 좀 이른 퇴근을 하고 집에 돌아왔다. 집에선 벌써 기름 냄새가 자욱했다. 집사람은 큰대자로 소파에 드러누워 휴식을 취하고 있었다. 이미 녹다운이 된 모습이었다.

나의 아내는 큰 집 맏며느리다. 결혼하고 벌써 22년째 제사를 모시고 있다. 강산이 두 번 바뀌는 세월 동안 달라진 모습이다. 강산이 바뀌기 전에는 제사 음식을 차리는 동안 쉬는 모습을 한 번도 제대로 본 적 없다. 집사람이 쉬고 있는 사이 옷을 갈아 입고 밤이 들어 있는 까만 비닐봉지를 풀어헤쳤다. 신문지를 깔아 놓고 밤 칼과 물그릇을 옆에 두고 밤을 깎기 시작했다. 밤 칼

일체유심조(一切唯心造), 모든 것은 오로지 마음이 짓는다.

이 무뎌져 껍질 까는 게 여간 힘들지 않았다. 잠시 내려놓고 밤 칼을 갈았다. 칼 가는 게 영 신통치 않은지 집사람이 어느새 옆으로 와 한마디 했다.

"칼갈이로 밥 먹고 살기는 글렀다. 글렀어! 쯧쯧."

잔뜩 못마땅한 표정이다. 대충 날을 세운 칼로 껍질을 까던 중 밤 하나가 어찌나 야물던지 힘을 주었다가 낭패를 봤다. 밤 칼이 엄지손가락에 박혔다.

"아악."

칼이 박혔던 곳에서 피가 새어 나왔다. 엄청나게 쓰라렸다. 순간 할머니께 벌을 받았구나 싶었다. 작년 할머니 제사를 기억하지 못해 건너뛰었기 때문이다. 속죄하는 마음으로 다시 정성껏 밤을 깎아 내려가던 중 쌍둥이 밤이 나왔다. 얼마 전 엄마 제사 때 남겨 두었던 밤이 몇 개 남지 않아서 그냥 올리기로 했다. 쌍둥이 밤을 버리면 남은 밤의 개수가 짝수가 되기 때문이었다. 제사상에 올리는 음식은 홀수가 되어야 한다.

예전에는 밤을 깎다가 쌍둥이 밤이 나오면 바로 먹거나 식구들한테 내어 주었다. 쌍둥이 밤을 다듬는 동안 좀 다른 생각이 들었다. 쌍둥이 밤을 버리는 풍습은 먹고 살기 힘들던 시절 입하나라도 줄이기 위한 걸 거라는 생각을 했다. 쌍둥이가 그다지 달갑지 않았던 시절 내려온 풍습이었다.

여기서 밤을 제사상에 올리는 이유를 잠깐 알아보자. 대개 식물의 경우 나무를 길러낸 첫 씨앗은 땅속에서 썩어 없어진다. 하지만 밤은 다른 종자와 다르다. 밤은 땅속의 씨 밤이 생밤인 채로 뿌리에 달려 있다가 나무가 자랄 때까지도 썩지 않는다. 오직 나무가 자라서 씨앗을 맺어야만 씨 밤이 썩는다. 자손이 나는 걸 보고서야 사라진다는 얘기다. 그래서 밤은 자기와 조상의 영원한 연결을 상징하기 때문에 제사상에 올린다고 한다.

세상이 핵가족화되면서 딩크족이다 뭐다 하면서 아이 낳기를 피하는 세상이다. 아예 결혼도 않겠다는 사람들이 많다.

'연예는 필수 결혼은 선택'이라는 가수 김연자의 '아모르 파티'가 인기를 얻는 배경이 아닐까. 어느 날 TV 가요프로그램을 보는데 김연자의 '아모르 파티'를 객석에 있던 관객들이 똑같은 옷을 입고 망토 같은 걸 두르고 합창을 하는 걸 보고 정말 놀랐다. 그들 중 대다수가 20~30대 연령층이어서 더욱 놀라웠다. 그 관객들은 합창을 하면서 자기들만의 은어로 세상에 소리 지르는 것 같았다.

일체유심조(一切唯心造), 모든 것은 오로지 마음이 짓는다.

만약 내 아이가 결혼하고도 딩크족이 되겠다면 어쩌나 하는 마음에 쌍둥이 밤을 정성껏 다듬어 제사상에 올렸다. 내 아들 또한 자식을 하나만 낳고 안 낳으려고 할 테니 기왕이면 쌍둥이를 낳게 해달라는 심정으로….

제사상에 올려놓은 쌍둥이 밤이 유난히 반짝였다. 밤 한 송이에 밤톨이 세 개인 것은 3정승을 상징하며, 역시 후손 중에 3정승이 나오게 해달라는 염원이 담겨 있다고 한다. 밤톨 같은 아들 둘을 보내주신 하늘과 선조 님들께 감사드린다. 겨우내 숨죽인 나무가 싹을 틔우는 힘은 바로 우리가 부모님을 사랑하는 마음과 다를 바 없지 않을까 생각해 봤다.

수고해준 아내가, 그 맏며느리가 한없이 고마운 밤(夜)이다.

새벽 1시 제사상을 물리고 돌아앉아 음복하며 쌍둥이 밤을 깨물었다. 아삭한 밤 맛이 입안 가득 퍼졌다. 밤늦도록 피곤한 눈을 비벼가며 제사에 참여 하는 막내아들을 보니 자식농사를 잘 짓고 있다는 생각이 들었다. 모두가 밤톨 같은 자식을 선사해준 조상님의 음덕이다.

풍수를 공부하는 것도 궁극적으로는 자손이 잘되게 하려는 염원 때문인 걸 보면 아마도 나 역시 우리 조상님들의 음덕 때

이렇게 해보세요~ 인생이 달라질 거예요

문에 이런 마음이 드는 게 아닐까 생각된다. 피는 물보다 진하다는 말이 실감 난다.

제사를 다 지내고 상을 물릴 때도 생 율에 가장 먼저 손이 가는 이유도 어쩌면 그래서일까.

일체유심조(一切唯心造), 모든 것은 오로지 마음이 짓는다.

신생아는 깎아 놓은 밤톨같이 머리 모양이 예술입니
다. 그래서 "밤톨 같은 내 새끼"라고 합니다. 엄마들은 대
게 아기의 머리를 예쁘게 낳으려고 미친 듯이 힘 한 번 쑥 주
고 낳았다고 자랑합니다. 대게 밤 꿈은 태몽이라고 합니다. 알
밤을 주워서 집으로 돌아오는 꿈은 임신을 해서 옥동자를 낳는
꿈이며, 재물과 돈이 생기고 푸짐한 선물이 들어옵니다. 산신
령으로부터 알밤을 받으면 입신출세하게 됩니다.

한 서린 봉안당

추석 차례를 지내고 작년에 돌아가신 장인어른을 뵈러 납골당에 갔다. 납골당이 가까워지자 길이 너무 막혔다. 아마도 추모객들이 한꺼번에 몰려 들었나 보다. 예상했던 대로 대로변에서 납골 공원으로 꺾어지는 초입부터 차들이 길게 늘어섰다. 먼저 도착했던 처남이 집사람에게 주변 상황을 알려주어서 우리는 차를 대고 걸어 들어갔다. 길에 늘어선 자동차보다도 더 많은 사람이 납골당으로 발길을 옮겼다.

명절에 납골당으로 추모를 가보기는 처음이다. 작년에 장인어른이 돌아가시고 첫 제사를 지낸 지 얼마 되지 않았다. 예상대로 납골당 주차장은 차들로 뒤엉켜 있었다. 차를 놓고 걸어오길 잘했다 싶었다.

납골당은 시신을 화장하여 그 유골을 그릇에 담아 모셔 두는 곳이다. 예전에는 납골당이 정식 명칭이었는데 일본 문화라는

일체유심조(一切唯心造), 모든 것은 오로지 마음이 짓는다.

비판이 있어 2005년 5월 25일 산업자원부 기술표준원에서는 명칭을 봉안당으로 바꾸어 이를 KS규격으로 정했다. 사원, 묘지, 화장터 등에 따로 마련한 것과 건물로 된 것이 있다.

한국의 봉안당 역사는 그리 오래되지 않았지만, 화장장의 공급부족과 더불어 봉안당의 부족현상도 나타나고 있다. 우리 정부도 정책적으로 국토의 훼손을 방지하고 효율성을 높이기 위해 화장 문화를 권장하고 있다. 예전에는 혐오 시설로 여겼지만, 최근에는 인식이 바뀌어 봉안당뿐만 아니라 수목장이나 수목장림도 국민의 관심을 받고 있다. 풍수지리를 공부하는 나로서는 화장보다 매장을 선호하지만, 국토의 훼손을 방지하자는 대의에는 동의한다. 그 대신 매장을 하려면 잘해야 하며, 제대로 매장하지 않을 거라면 화장을 하는 게 낫다.

조상과 자손의 동기감응은 반드시 일어난다고 믿기 때문이다. 주역으로 풀어본 장인어른은 훨씬 더 오래 장수해야 하지만, 거듭되는 뇌출혈 수술로 오래 버티지 못하고 돌아가셨다. 뇌출혈 수술은 잘됐지만, 야간에 화장실에 다녀오시겠다고 침상을 내려오다가 그만 낙상해서 병세가 더 악화됐다. 장인어른의 병세가 호전되지 않아 선조들의 묘소를 살펴보고 싶었지만 안내해줄 사람이 없어 무위에 그쳤다. 살펴본다 한들 해로운 요소를 제거할 수도 없었을 것이다. 이래저래 아쉬운 마음으로 살던 중

장인어른은 홀연히 세상을 떠났다.

장인어른이 입원했을 당시에는 중동 바이러스 증후군 '메르스'가 창궐할 때였다. 그것도 메르스 확진 환자가 가장 많았던, 의료진도 확진되었던 그 병원 중환자실에 계셨었다. 이후엔 보건 당국의 통제로 병원을 찾을 수도 없었다. 통제 때문이 아니라 가족들도 감염됐을 수 있었기 때문에 보건당국에 신고하고 자가 격리됐다. 장인어른은 그렇게 가족들의 돌봄이 필요할 때 철저하게 격리됐다. 그리고 중환자실에서 사경을 헤매시다가 요양원에서 재활하시던 중 운명하셨다.

봉안 당을 들어서니 사람들로 북적거렸다. 장인어른의 유골은 30cm쯤 되는 유리 상자 안에 모셔져 있다. 유리 안에는 장인어른과 처가 식구들이 나들이 갔을 때 함께 찍었던 사진과 음식을 한 상 가득 차린 미니어처 밥상, 그리고 미니어처 텔레비전이 놓여 있었다. 마치 한 가족이 밥상머리에 둘러앉아 식사를 하면서 TV 연속극을 보는 지극히 평온한 가정의 일상이 그려져 있었다. 오래도록 함께하지 못한 아쉬움과 안타까움이 전해졌다.

아내는 제례를 올릴 생각으로 몇 가지 음식과 과일, 술잔을 챙겨왔지만, 봉안당 안에는 제례를 지낼 곳이 없었다. 위층에 제단이 마련돼 있었지만, 안내문에는 봉안 당일이나 삼오제 외에는

일체유심조(一切唯心造), 모든 것은 오로지 마음이 짓는다.

쓸 수 없다고 적혀 있었다. 아쉬워하던 중 안내 방송이 흘러나왔다. 봉안 당 바깥에 합동 제례 상이 차려져 있으니 이용해 달라는 것이었다. 궁금하여 합동 제례 상이 차려진 곳을 가보았는데 간단한 제사상이 차려져 있었고, 위폐에는 봉안당의 모든 혼령을 모셔놓아 썩 내키지 않았다.

가족들은 장인어른의 유골함 앞에서 옛이야기를 잠깐 나누는 것으로 추모를 마쳤다. 아마도 마음속으로 저마다 장인어른의 평안한 영면을 기도했을 것이다.

"유리관 안에 유골함만 덩그러니 있으니까 성묘를 온 것 같지도 않고, 사람들로 북적대서 기도할 수도 없고 좀 그러네."

추모를 마치고 나온 처형이 아쉬운 듯 한마디 했다. 보통은 성묘 가서 제사를 지낸 뒤 가족들이 둘러앉아 음복하면서 먼저 가신 분 앞에서 화목하게 잘살고 있으니까 걱정하지 말고 편안히 계시기를 기도한다.

봉안당의 추모는 산 자들의 편안함과 아쉬움이었다. 돌아가실 때까지 말씀 한마디 못하신 장인어른의 숨이 봉안 당에 스며든 것 같아 달팽이관이 파르르 떨렸다.

생전에 마지막으로 대접해 드린 음식이 짜장면이 될 줄이야. 죄송합니다. 아버님.

'마누라가 예쁘면 처가 말뚝 보고도 절한다.'고 했습니다. 예쁘지 않은 마누라 없습니다. 예뻐서 결혼하지 않았나요? 처가 말뚝은 마음속에 있습니다. 아내는 나의 거울입니다. 거울을 보면서 자기에게 화를 낼 사람은 없습니다. 언제나 거울에 비친 자기에게 피식 웃음을 짓듯 아내에게 웃음을 선사합시다. 괜한 기 싸움하지 말고 순간순간 늘 한결같이.

아들의 단상에 이끌린 아빠 "공부가 뭐라고"

아침에 아들 공부방을 열어 보니 컴퓨터 화면은 켜져 있고, 아들은 베란다 바깥을 응시하고 있었다. 컴퓨터가 로딩되는 사이 아들은 창문 너머 무언가를 뚫어지라 쳐다보고 있었다. 아마도 로딩 시간이 길어서 지루했던 모양이다. 대게의 경우 남자들은 잠깐의 컴퓨터 부팅 시간이 지루해서 마우스 왼쪽 버튼을 꾹 눌러 사각형 모양을 만들면서 부팅되기를 기다리는데 아들은 좀 다른가 보다.

"우두커니 앉아서 뭐 하고 있어?"
"어? 아니야 아무것도…"

이렇게 해보세요~ 인생이 달라질 거예요

다시 돌아앉은 아들은 긴 하품을 하더니 내게 물었다.

"아빠! 아빠는 옛날로 한 번쯤 돌아간다면 언제로 돌아가고 싶어?"

"나? 음… 중학교 때로!"

"우와! 나돈데."

그 잠깐 동안 아들이 무슨 생각으로 멍 때리고 있었는지 짐작이 갔다.

"왜? 그때로 돌아가서 더 열심히 공부하려고? 공부 안 한 게 이제 와서 후회돼?"

"무슨 말도 안 되는 소리야?"

"그럼 아빠는 왜 중학생 때로 돌아가고 싶은 건데? 아빠도 공부 못 한 게 후회돼서 더 열심히 공부하려고? 그러면 지금보다 더 나은 삶을 살 수 있을 것 같아서?"

이런 제대로 한 방 먹었다. 아들의 질문을 받는 순간 아득한 옛 추억의 한 장면이 소환됐다.

그때는 롤러스케이트가 인기였다. 실내 롤러장이 많았고, 학생들로 넘실댔다. 교복 상의 단추를 풀어헤치고 롤러를 타면 바

일체유심조(一切唯心造), 모든 것은 오로지 마음이 짓는다.

람에 나부끼며 손을 엇갈려 뻗을 때마다 부딪히는 그 느낌이 좋았다. 몸이 풀리고 나면 교복을 벗어 던지고 고무 퍽을 이용해 하키 경기를 했다. 넘어지기를 수십 번 하다 보면 교복이 찢어지기도 하고 트랙 안료가 교복에 묻어서 지워지지도 않았다. 해가 지고 어둑어둑해져서야 자전거를 타고 집에 돌아갔고, 가는 내내 휘파람을 불면서 갔던 기억이 났다.

아들에게 그 속마음을 솔직히 털어놨다.

"그런데 왜 나한테는 공부를 강요하는데? 아빠도 마음껏 놀던 지난 시절이 좋아서 그랬으면서."

할 말이 없었다.

아들도 분명 그때가 좋았을 거다. 돌이켜보니 아들도 초등학교부터 중학교 때까지 정말 화려하게 보냈던 것 같다. 친구들 사이에 인기가 많았고 선생님들의 사랑도 많이 받았다. 그 무렵에는 학급회장을 도맡아 하다시피 했고, 무엇이든지 자신감에 넘쳐 있었다. 그 덕에 아내는 학교 학부모회에 적극적으로 참여해야 했고, 선생님들과도 자연스럽게 어울릴 수 있었다.

"어머, 안녕하세요. 어머니가 어떤 분이실까 정말 궁금했어요!"

"네?"

"이렇게 공부 잘하고 리더십 있고, 반듯하게 아이를 키운 분은 어떤 분이실까 궁금했거든요."

아내는 지금도 어느 선생님의 그 멘트를 잊지 못한다. 큰아들 덕에 아내도 나도 행복했던 시절이었다. 아들은 아마도 그때 그 시절이 그리웠나 보다. 그때로 돌아가 조금 더 자유분방하게 놀아볼 걸 하는 미련이 남았을 것이다.

나이 50대에 10대가 그립듯 막 20대가 된 아들도 이팔청춘 10대의 어느 한 시점에 가 있었다. 갑자기 미안한 생각이 들었다. 그 무렵 나는 아들을 닦달했다.

"도대체 장차 뭐가 되려고 정신 못 차리고 그러고 있는 거야! 제발 공부 좀 해라 공부!"

이제 와서 내가 아들의 황금 같은 시간을 강탈했다는 생각이 드는 걸 보면 철이 안 든 건 아들이 아니라 나였던 것 같다. '칭찬은 고래도 춤추게 한다.'는 속담처럼 칭찬에 너무 인색했던 지난날에 대한 후회가 밀려왔다. 어쩌면 '칭찬'과 '인정'도 구분 못 했던 지난날이 안타까웠다. '칭찬'이 나를 중심에 두고 말로 베푸는 것이라면, '인정'은 상대를 중심에 두고 그에게 중요

일체유심조(一切唯心造), 모든 것은 오로지 마음이 짓는다.

한 것이 무엇인지 알아주는 것이다.

"학교에서 괜한 다툼에는 끼어들지 마라."

어른답지 못한 가르침이었다. 이렇게 제대로 '인정하기' 위해서는 아들의 말에 관심을 두고 경청했어야 했다. 아들과의 아침 대화에 나는 관심과 존중 그리고 인정, 그 어떤 것도 표현하지 못했다.

칭찬은 마술입니다

칭찬은 고래도 춤추게 한다고 했습니다. 비교하지 말고, 강요하지 말고, 아이의 눈높이를 지켜주어야 합니다. 공부 못한다고 사회의 낙오자가 되는 건 아닌데 부모의 지나친 기우가 자식을 병들게 합니다. 칭찬하면 아이가 달라집니다. 그리고 본인도 모르게 자신도 달라지는 마술에 걸립니다.

여자, '쉼터'라 쓰고 '전쟁'이라고 읽는다

조용히 컴퓨터로 글을 쓰고 있는데 아내가 옆에 앉아 다림질한다. 여자 친구와 데이트를 가는 아들 옷을 다릴 모양이다.

"여보야! 우리 아들 점점 잘생겨지는 것 같지 않아?"
"어제도 만나고 오더니 오늘 또 보러 간다네. 그렇게 보고 싶을까?"

다림질하는 모습이 매우 흥겹다. 마치 자기가 데이트를 하러 가는 것처럼 들떠 있다.

"자기를 닮은 것 같지는 않은데 우리한테서 어떻게 저런 인

이렇게 해보세요~ 인생이 달라질 거예요

물이 나왔을까?”

연신 싱글벙글이다.

“이거 왜 이래! 나도 한때는 먹어주던 얼굴이야!”
“에잇~ 먹혔겠지! 먹어주기는커녕 훅! 먹혔겠지.”
“자기는 먹어주는 거랑 먹히는 거랑 구분도 못 해?”

이런 젠장. 또 본전도 못 찾았다. 말문이 막혀서 대꾸도 못 하고 나니 너무 억울하다.

말이 많은 아내랑 사는 게 즐겁다. 미련한 곰보다는 분명히 낫지만 뭔가 모르게 사육당하는 기분이 든다. 말이 유창해서 정겹다. 회사에서, 아니면 온종일 밖에서 스트레스받고 집에 들어오면 여지없이 종알종알 된다. 그날 하루 동안 집사람에게 일어났던 모든 동향을 알게 된다. 처음엔 성가시다가도 내가 듣거나 말거나 아랑곳하지 않고 허공으로 막 던지기 때문에 어느새 아내의 말에 귀가 기울여진다. 아내도 내가 듣거나 말거나 그냥 혼자서 막 떠드는 것 같지만, 결정적인 순간에 나한테 질문을 한다.

“그렇지? 자기는 어떻게 생각해?”
“어? 어…”

일체유심조(一切唯心造), 모든 것은 오로지 마음이 짓는다.

이랬다가는 곤욕을 치를 수 있으므로 무심한 척하다가도 한 마디 한 마디를 다 들을 수는 없더라도 조각조각이라도 캐치를 해야 한다. 그리고 퍼즐 맞추듯 추리를 해서라도 대답을 해야 한다. 더 큰 곤경에 빠지지 않기 위해서는 말이다.

그렇게 저녁을 먹고 TV를 보다가 잠자리에 들어서도 아내의 입담은 그치질 않는다. 두 아들의 이야기에서부터 신혼 때의 일, 또 아들의 아기 때의 일, 그리고 내가 없을 때의 일 등등 공간과 시간 이동을 수도 없이 하다 보면 잡념이 사라지고 마음이 평온해진다.

분명히 스트레스를 안고 집에 들어왔는데, 스트레스에 빠지지 않고 마음이 쉬어갈 수 있게 된다. 거침없는 아내의 입담에 대충 빠져 들다 보면 스르르 나도 모르게 잠에 떨어진다.

그래서 아내는, 여자는 '쉼터'이다.

요즘 쓰는 글에 아내가 자주 등장한다. 글을 쓰는 데 옆에 와서 슬쩍 쳐다보더니 또 한마디 한다.

"왜 나한테 빨대를 꽂아?"
"어? 그게 무슨?"

"왜 나를 들먹이느냐 이 말이지."

"아, 난 또 뭐라고. 내년에 책 내는 게 목표야."

"책 내는 건 쉽지. 안 팔리는 게 문제지."

"에이 그래도 한 1,000부는 팔리겠지!"

"천불이 나겠지. 책이 안 팔려서 속에 천불이 나겠지."

이런 식이다. 아내랑 사는 건 매일 매일 롤러코스터를 타는 기분이다. 또 어느 날은 전쟁터를 방불케 한다.

"남들은 결혼기념일 날 반지도 사주고 목걸이도 사준다던데, 결혼 20년이 넘어도 금붙이 하나도 안 받으니까 조금 슬프긴 하다."

"엥? 내가 사준다고 할 때는 자기가 맨날 싫다고 했으면서….”

"내가 꽃뱀이야? 뭐 뜯어 먹을 게 있어야 뜯어먹지."

새빨간 거짓말이었다. 그날은 정말 기분이 상했다. 기념일 때마다 뭐 필요한 거 없는지 물어봤지만, 매번 "그런 거 없다."며 한사코 사양하더니 이렇게 뒤통수를 칠 수 있느냐며 항변했다.

"돈이 없으니까 그런 거지. 뻔히 다 아는데."

그 멘트에 내가 조금 침통해 하니까 아내가 다시 말을 잇는다.

일체유심조(一切唯心造), 모든 것은 오로지 마음이 짓는다.

"하긴 뭐. 내가 맨날 바가지나 벅벅 긁었으면서 바랄 걸 바라야겠지!"

어느 교수가 말했다고 한다. '여자는 이해하는 게 아니다. 여자를 이해하느니 박사 논문을 한 번 더 쓰겠다.'고. 어느 지인은 또 이렇게 말했다.

"여자는 평면이 아니라 입체감이다."

이유를 물었다.

같은 여자가 봐도 어느 날은 말이 없고 새침하게 있어서 원래 텐션이 낮은 사람인가 하고 생각했는데 다른 날 다른 자리에서는 굉장히 친밀감이 높고 에너지가 넘치기 때문이라고 했다.

보이는 게 다가 아니고, 예측할 수 없다는 얘기인 것 같다. 아무튼, 난해한 생명체인 건 분명하다.

자식과 아내는 한편입니다. 보물이죠.

　　사주에서 남자를 기준으로 여자는 자신과 상극인 자리
에 있습니다. 남자가 쉽게 다스릴 수 있는 위치에 있는 거죠.
그리고 그 자리에는 재물도 함께 있습니다. 여자를 괄시하면
재물도 손에 쥐기 어렵습니다. 또 나를 괴롭히는 자리에 자식
이 있습니다. 그런데 말이죠. 그 자식을 돕는 자리에 아내가
있습니다. 아내에게 잘 못 하면 자식이 가만두지 않게 되
는 겁니다. 고로 아내는, 여자는 보물입니다.

밥이 마르면 마음도 말라요

신혼 때였다. 여느 신혼부부와 마찬가지로 꿈결 같은 일상에 행복했다. 아침이면 주방에서 도마 두드리는 소리와 찌개 끓는 소리에 잠이 깼다. 결혼의 로망이 눈앞에 있었다.

결혼 22주년이 되는 해 어느 날. 아내가 잠에서 깰까 봐 까치 발을 뜨고 조용히 세수하고 있었다. 이른 아침 튀어나오는 마른 헛기침도 힘겹게 구겨 넣었다. 밥도 그릇 부딪히는 소리가 나지 않게 조용히 알아서 챙겨 먹었다. 늘 늦은 시간에 잠이 드는 아내가 잠을 얼마 못 잤을 게 뻔하기 때문이다. 얼마 뒤 조용히 현관문을 나서보지만 도어락 해제 소리에 그만 잠이 깰 줄이야.

"잘 갔다 와 여보."

이렇게 해보세요~ 인생이 달라질 거예요

"어? 어…."

그리고 해가 중천에 뜬 주말 대낮 거실 한쪽. TV를 보면서 아내와 시시콜콜한 대화를 하고 있었다. 대화는 어느새 첫아기가 성장하던 과거로 거슬러 갔다.

아들과 아내는 아파트 입구에서 종종 나의 퇴근길을 기다리곤 했다.

"엄마! 아빠 언제 와?"

그 사이 아내는 나에게 여러 번 전화했다.

"금방 온댔어. 자동차 10대만 세어볼까?"
"하나, 둘, 셋…."
"다시 20대만 더 세어보자."
"열 하나, 열 둘, 열아홉…."
"이번에는 아빠 차랑 같은 흰색 차만 세어볼까?"
(……)

두 사람의 기다림은 계속됐다. 아내는 여러 가지 색깔의 차를 수없이 세고서도 내가 나타나지 않자 이번엔 아들에게 택시를

일체유심조(一切唯心造), 모든 것은 오로지 마음이 짓는다.

모자 쓴 차로 설명하고 있었다.

"이번에는 모자 쓴 차가 몇 대나 들어오나 세어보자!"

그렇게 아내와 아기는 아파트 주차장이 가득 찰 때까지 밖에서 차를 세웠다. 그런 일이 반복되면서 퇴근 후 저녁상을 받는 일이 현저히 줄어들었다. 아내는 비장한 모습으로 그 배경을 설명하고 있었다.

생각해보니 그 옛날 곯은 배를 부여잡고 집에 들어와도 밥솥에는 밥이 없거나 밥알이 굳어 있었다. 연차가 짧은 기자여서 퇴근이 없다시피 했다. 아내가 그런 상황을 이해해 줄 리 만무했다. 아내도 기자 출신이었지만 그녀도 영락없는 여자였다.

대화는 다시 현실로 돌아왔다. 여전히 TV를 응시하고 있는 내게 아내는 일갈했다.

"보글보글 찌개 끓여서 김 풀풀 날 때 따뜻한 밥 먹이고 싶었는데…."
"밥이 마르면 마음도 말라. 알아?"

순간 TV에만 꽂혀 있던 눈이 아내를 향했다. 눈이 촉촉할 줄 알았던 아내는 체념한 듯 대수롭지 않게 말을 던졌고, 나는 마음에 멍이 들었다. 무덤덤한 아내의 표정은 무언가 결의에 찬 모습이었다. 얼마나 응어리가 졌으면 저렇게 아무렇지 않은 듯 태연히 말을 할 수 있을까.

풀풀 나는 따뜻한 밥에 김 얹어 먹는 걸 좋아하는 나였는데 왜 그랬을까? 아내의 마음이 얼마나 말라 버린 걸까?

아무래도 아침 까치발은 오래오래 떠야 할 것 같다.

일체유심조(一切唯心造), 모든 것은 오로지 마음이 짓는다.

　부부 사이에는 눈 맞춤이 중요합니다. 연인일 때는 그렇게 잘 되던 눈 맞춤이 방향성을 조금씩 잃어갑니다. 눈은 마음 가는 길에 머물고, 사랑은 마음에 담깁니다. 김 풀풀 나는 밥술에 김 한 장 올려주도록 합시다.

　아내에게…. 참고로 제 아내는 김을 싫어합니다.

우리의 옛 풍습이 떠오른다. 쓰던 그릇의 주둥이가 조금만 깨져도 내다 버렸다. 깨진 그릇을 쓰면 재수가 없다고 믿어왔다. 이 풍습은 지금도 이어지고 있다. 반면 중국인은 흠 있는 그릇을 그대로 쓴다. 심지어 살짝 깨진 그릇이 재수가 있다고 여긴다. 똑같이 깨져도 우리나라에서는 재수 없는 존재가 되고, 중국에서는 재수가 있는 존재가 된다.

비슷한 사례가 또 있는지 인터넷 검색을 해보니 덴마크에서는 1년 내내 깨진 그릇들을 버리지 않고 모아두었다가 새해 전날인 12월 31일에 동네 이웃들의 집 문 앞에 깨진 그릇들을 던지면서 한 해 동안의 행운을 빌어준다고 한다. 요즘에는 아이들의 안전 등 여러 위험요소 때문에 깨진 그릇들을 이웃집 앞에 그냥 쌓아두는 방식으로 바뀌고 있다고 한다.

독일 결혼식도 독특하다. 독일 사람들은 결혼식 전야제 파티를 하는데 파티에 초대받은 사람들이 신랑 신부 집 앞에서 오래된 접시를 가져와 깬다. 이는 신혼부부에게 행운을 가져다준다고 믿기 때문이다. 그리고 깨진 접시들은 모두 신랑이 치운다고 한다.

일체유심조(一切唯心造), 모든 것은 오로지 마음이 짓는다.

새 똥을 바라보는 시각도 사뭇 다르다. 우리나라는 길을 가다가, 혹은 차에 새 똥이 떨어지면 불쾌해 하고 재수가 없다고 여긴다. 하지만 러시아 사람들은 집이나 자동차, 혹은 사람한테 새 똥이 떨어지면 돈이 앞으로 그쪽으로 몰릴 것이라고 믿는다.

이사하는 날도 불문율 같은 고유의 풍습이 있다. 손 없는 날이어야 한다. 어쩌다 이사 하는 날을 어른들과 상의하지 않고 그냥 편한 대로 정하면 큰일 난다. 엄마는 곧장 점집으로 달려가 점을 치고 부적을 받아온다. 얼마나 전전긍긍하셨을지 짐작이 간다. 황금색 부적은 싱크대 아래에 붙거나 현관문 위에 붙여진다. 그렇게 이사를 하고 나서 별일이 없으면 부적 덕으로 돌린다. 그렇지만 부모님이 돌아가시고 나서 다시 이사하는 날, 손 없는 날을 알 길 없어 또 편의대로 이사하지만 별일 없다.

또 있다. 예나 지금이나 빨간색으로 이름을 쓰면 부모님이 일찍 죽는다는 속설이 있다. 그래서 무심코 빨간색으로 이름을 썼다면 눈썹이 휘날리게 검은색으로 빙빙 돌려 덮어버린다. 그런데 이 이야기는 진시황 때 황제만이 붉은색으로 이름을 적을 수 있고, 평민이 사용하면 큰 벌을 줬다고 하여 조심해 왔다고 하니 좀 아이러니하다.

이제 빨간색으로 이름을 써도 괜찮다는 걸 알고 있는 어른이 되었지만, 여전히 속설과 편견에 휘둘려 산다. 어릴 적 막연한 불안과 두려움을 떨치지 못했기 때문일 것이다.

　어쩌다 손 없는 날이 생겼는지. 어쩌다 깨진 그릇의 저주가
생겼는지 알 길이 없지만 깨진 그릇은 깨진 그릇일 뿐 그 이상도
이하도 아니다. 우리가 미신으로 여겨왔던 설화들이다. 미신을
믿어서 손해 본 일은 드물다. 물론 손해 본 일도 있을 수 있다. 살
면서 조심해서 나쁠 건 없다. 미신을 따르지 않아 꺼림칙한 것보
다는 나으니까. 사람들은 사주명리학도, 그리고 풍수도 미신이
라고 여긴다. 미신이라고 여기면서도 연말연시가 되면 토정비
결을 보고, 가족 중에 누군가가 세상을 떠날 때나 집안에 우환
이 계속될 때 지관을 찾는다. 심지어 저자처럼 사주 명리를 배
우고, 풍수지리를 배우는 사람 또한 많다. 더듬더듬 배우는 이
유는 뭘까. 단순하다. 사주나 풍수지리가 맞는 경우가 많으므로
학문으로 인정하고 평소 관심 분야로만 묻어 두었던 걸 직접 배
우게 되는 것이다.

　살면서 늘 품고 있던 의문부호와 맞닥뜨릴 때 적어도 자기의
성향이 사주팔자에 근간을 두고 있다는 걸 알게 되는 날이 있을
것이다. 아는 만큼 보이고, 아는 만큼 힘이 생긴다. 우리는 마음
이 심드렁할 때 마인드컨트롤 하는 법을 책을 통해, 아니면 어른
들의 잔소리를 통해 익히고 또 익혀왔다. 하지만 무턱대고 하는
마인드컨트롤은 한계가 있다. 근본에 대한 이해가 있으면 그 마

일체유심조(一切唯心造), 모든 것은 오로지 마음이 짓는다.

인드컨트롤이 한결 쉬워진다.

내가 고집을 피우는 이유, 남이 고집을 부리는 이유를 "쟤는 도대체 왜 저럴까?"하는 탄식으로 받아들일 게 아니라 "원래 한 고집하지!"로 이해하면 대인관계가 훨씬 편해진다. 내가 양보할 게 생기기 때문이다. 그래서 사주와 풍수는 알아서 나쁠 게 없고 아는 만큼 삶이 조금은 더 평화로워 질 수 있다.

그럼 사주와 풍수지리는 어떤 연관관계가 있을까 궁금해진다. 사주도 유전된다는 주장도 있다. 사주가 유전된다니 무슨 말도 안 되는 소리를 지껄이느냐고 할 수 있겠지만, 공부를 조금이라도 해 본 사람은 그렇게 느낄 수도 있다. 가족들의 사주를 들여다보면 한 가지 오행이 공통으로 발달하거나 과다한 때도 있다. 또는 한 가지 오행이 공통으로 없거나 약한 경우가 꽤 있다. 우리 집안사람들의 경우 오행에서 금, 수가 기신인 경우가 많다. 목, 화용신이 대부분이다. 화토가 공존하니 토도 약하긴 마찬가지다. 그래서 가족들 대다수가 위장이 좋지 않아 약을 달고 살고, 혈액 질환자도 많다. 아버지가 위암으로 돌아가셨고, 엄마는 심장병으로 돌아가셨는데 형제들 전부가 위장이 좋지 않고, 앞서 언급했듯 혈액 질환을 겪는 형제가 많다.

풍수지리는 동기감응론이다. 조상과 후손은 같은 혈통을 띄어 같은 유전자를 가지고 있으므로 서로 감응을 일으킨다. 세상에 존재하는 모든 물질은 에너지를 가지고 있으며, 에너지를 가지고 있는 이상 무언가에 반응하려는 속성이 있다.

조상의 유골도 마찬가지다. 지기(地氣)를 머금고 있는 혈장을 중심으로 사격(砂格: 묘를 둘러싸고 있는 주변 산봉우리)과 물(水) 등의 좋은 정보를 가득 담아 후손에게 전달해준다. 지기가 약하면 약한 대로 나타나고, 좋으면 좋은 대로 이어진다.

조상의 유골이 안장된 묘소인 혈(穴)은 모든 산과 물의 기운을 흡수하고 길한 사격과 물이 있으면 혈의 발 복도 길해지고, 흉한 사격과 물이 있으면 혈의 발 복도 흉해진다. 그것은 24방위를 따라 후손들에게 전해지며, 사주의 원국으로 나타난다고 할 수 있다.

나무는 봄에 꽃이 피고, 조는 창고에서 싹이 트듯 우리 인생은 시류에 흘러가며 채워지는 삶이다. 사주에서도 봉사하면 길한 운이 들어오거나 대운이 나빠도 화를 면할 수 있고, 풍수에서도 적선적덕(積善積德)을 해야 명당을 얻을 수 있다고 하니 미움과 증오를 버리고 복을 짓는 일에 보다 신중해야 한다.

우주 모든 만물은 음양의 조화로 이루어진다. 자신의 사주도,

일체유심조(一切唯心造), 모든 것은 오로지 마음이 짓는다.

조상님과의 동기감응도 조화가 이루어져야 한다. 음양의 조화를 좀 더 깊숙이 혹은 자세히 알면서 미래를 설계하며 발전적으로 나아갈 수 있다면 아마도 썩 괜찮은 삶이 아닐까.

'인생사 새옹지마'다. 지나치게 좋아할 일도, 너무 낙담할 필요도 없다. 복을 받으려면 복 짓는 일부터 시작하자.

참고문헌

소설 풍수(김종록) / 정통 풍수지리(정경연)

이렇게 해보세요~ 인생이 달라질 거예요

오행은 우주를 구성하는 다섯 가지 기운을 말합니다.

동양철학에서 일반적으로 오행은 목(木=나무), 화(火=불), 토(土=흙),
금(金=쇠), 수(水=물)로 구분됩니다.
그리고 오행 안에는 다양한 상징적 의미가 들어있습니다.

	목(木)	화(火)	토(土)	금(金)	수(水)
운동성향	곡직	염상	매개	종혁	윤하
계절	봄	여름	여름~가을	가을	겨울
방위	등	남	중앙	서	북
색깔	청색	빨강	노랑	흰색	검정
초목	새싹	무성	유지	열매	씨앗
품성	인(仁)	예(禮)	신(信)	의(義)	지(智)
숫자	3.8	2.7	5.10	4.9	1.6
맛	신맛	쓴맛	닷맛	매운맛	짠맛
신체	간.담.인후.모발.신경계	심장. 소장,순환계	비장.위장,소화기계	폐.대장,호흡기계	신장.콩팥.요도.자궁비뇨기계

사주원국은 태어난 날(日)을 기준으로 년. 월. 일. 시 네 기둥을 말합니다. 원국은 기본성격, 심성, 외모 등 선천적인 잠재성을 나타냅니다. 원국만으로는 사주를 판단할 수 없습니다.

時柱	日柱	月柱	年柱
정관	본원	정인	정관
戊	癸	庚	戊
午	卯	申	子
편재	식신	정인	비견

천간과 지지를 총칭하여 간지라고 합니다.
간지의 간은 줄기를 의미하며 양의 기운으로 하늘을 나타냅니다.
간지의 지는 가지를 의미하며 음의 기운으로 땅을 나타냅니다.

천간. 지지. 지장간

	목		화		토		금		수	
음양	양	음	양	음	양	음	양	음	양	음
천간	甲	乙	丙	丁	戊	己	庚	辛	壬	癸
지지	寅	卯	巳	午	辰戌	未丑	申	酉	亥	子
지장간	戊丙甲	甲乙	戊庚丙	丙己丁	乙申癸丁戊戊	丁癸乙申己己	戊壬庚	庚申	戊甲壬	壬癸

자기의 본성이 무엇인지를 파악하는 것만으로도 자기에 대한 이해가
높습니다.

	목(木)	화(火)	토(土)	금(金)	수(水)
천간	甲乙	丙丁	戊己	庚辛	壬癸
형태	발산. 드러나는 기질		중매	수렴. 모으는 기질	
방위	東	南	中	西	北
품성	仁	禮	信	儀	智
성격	어질다 무에서 유를 창출 새로운 걸 갈구	빠르다 밝고 명랑하다 예의바르다	신의. 약속 중요 무겁다	의리. 원칙 소신. 결단성	지혜롭다 침착하다 수집.취미활동 뒤죽박죽